W0311588

Kämpferherz
8 Grundprinzipien des Erfolges

Autoren: Michael Smolik, Markus Voigt
Cover Design: Nicolai Klingler
Layout & Publishing: V&K digital services GmbH

www.team-smolik.de
www.vkdigital.de

ISBN: 1520152912
ISBN-13: 9781520152912

Inhaltsverzeichnis

Anmerkung der Autoren

Dieses Buch ist als gleichwertige Zusammenarbeit von Michael Smolik und Markus Voigt folgendermaßen strukturiert:

Das gesamte Buch gliedert sich in insgesamt acht Kapital in denen Schlüsselelemente in Michaels sportlicher und beruflicher Karriere erläutert werden. Hierbei erklärt Michael zunächst aus seiner persönlichen, ungefilterten Sicht den Ablauf der Geschehnisse und seine Gedankengänge von Teil 1 des jeweiligen Kapitels. Im Anschluss erklärt Markus im zweiten Teil des jeweiligen Kapitels die hinter der Geschichte liegenden psychologischen Grundlagen in einer abstrakten und eher wissenschaftlichen Perspektive, die es dem Leser ermöglichen soll, die hinter den Geschichten stehenden Botschaften besser auf seine eigene Person und die individuellen Lebensumstände und -ziele übertragen zu können.

Vorwort

Als ich Michael Smolik Anfang 2013 das erste Mal traf, war mir relativ schnell klar, dass wir beide uns entweder sehr gut oder gar nicht verstehen würden. Schon damals – nach seinen ersten zwei Weltmeister-Titeln im Amateurkickboxen – polarisierte Michael Menschen durch seine Ausstrahlung, sein Verhalten und seine Worte. Neben der Selbstverständlichkeit, mit der Michael seine Trainingspartner unabhängig von Alter, Geschlecht, Fähigkeiten und Ambitionen gleichermaßen respektierte, konnte ich beobachten, wie begeistert er im Training Menschen motivieren konnte und sein eigenes Feuer an seine Trainingspartner weitergab. Zur gleichen Zeit jedoch schien er wenig Verständnis für Menschen mit „der falschen Einstellung" zu haben und tat dies auch offen kund. Nachdem Michael und ich durch regelmäßiges Wettkampftraining zunächst Trainingspartner und später beste Freunde wurden, durfte ich Michaels Einstellung zum Leben und den entsprechenden Auswirkungen auf seinen sportlichen und beruflichen Erfolg direkt miterleben. Außer der eher offensichtlichen Tatsache, dass Michael immer schon sehr genau wusste, was er in seinem Leben erreichen wollte, bewundere ich ihn vor allem für seine Entschlossenheit, entsprechend dieser Träume zu handeln. Damit ist gemeint, dass Michael auch in schwierigen Situationen nie einen Zweifel daran lässt, welche Ziele ihm letztendlich am wichtigsten sind und seine Entscheidungen entsprechend trifft – mit der Bereitschaft, alle notwendigen Opfer zu bringen.

Ganz besonders beeindruckt bin ich jedoch von seiner weiterführenden persönlichen Entwicklung unabhängig von seinem eigenen sportlichen Erfolg. Michael war es immer schon eine Herzensangelegenheit, seine Fähigkeiten und seinen Erfolg mit anderen Menschen teilen zu können, weshalb er sich beruflich seit Anfang 2016 nach dem gewählten Ende seiner Polizistenlaufbahn ganz dem Aufbau seines Unternehmens Team Smolik widmet. Mit seiner engagierten und teilweise ehrenamtlichen Arbeit unter anderem mit Leistungssportlern, Schülern, erfolgreichen Unternehmern und benachteiligten Menschen schafft es Michael, Menschen zu vermitteln, dass Erfolg – egal in welchem Bereich – stets von der richtigen inneren Einstellung ausgeht. Seinen eigenen sportlichen und medialen Durchbruch nutzt er, um Menschen zu helfen, Probleme zu bewältigen, ihre eigenen Träume leben zu können und so das Bestmögliche aus ihrem Leben zu machen.

Ich bin sehr dankbar, Michael Smolik meinen besten Freund, Trainings- und Geschäftspartner sowie Mentor nennen zu dürfen. Auch dir wünsche ich, dass du dich durch dieses Buch von ihm inspirieren und motivieren lässt, aus deinem Leben ein Meisterwerk zu machen.

Markus Voigt

1 Was will ich wirklich?

1.1 Michaels Weg zum Weltmeister

Mein Name ist Michael Smolik, ich wurde am 28.07.1991 geboren. Hauptberuflich bin ich Profisportler und Schauspieler. Ich habe mein ganzes Leben dafür trainiert, Weltmeister zu werden. Dies habe ich mit 25 Jahren geschafft. Profi-Weltmeister im Schwergewicht Kickboxen K1.
Meine Eltern kommen ursprünglich aus Polen. Mein Vater trainierte damals die aus Japan kommende Kampfsportart „Kyokushin Karate". Diese Stilrichtung ist für ihre Härte bekannt. Genauso hart wurden mein Bruder und ich erzogen. Bereits in einem sehr jungen Alter wurden mein Bruder Sebastian und ich trainiert.
Mein Vater setzte alles daran, aus Sebastian und mir Kämpfer zu machen. Mein Bruder war fünf Jahre und ich drei Jahre, als wir das erste Mal mit Kampfsport in Berührung kamen. Tägliches, hartes Training in diesen jungen Jahren war für mich keine Seltenheit.
Doch zunächst wurde mein Bruder stärker gefördert. Er war schließlich älter und auch besser als ich. Ich wollte meinem Vater unbedingt beweisen, dass auch ich ein Kämpfer werden kann – der beste Kämpfer der Welt. Doch hierzu später mehr in Kapitel 3.
Anfangs praktizierte ich Karate und Taekwondo. Da ich die Beinarbeit des Taekwondo liebte, wollte ich mich bald gezielt darauf konzentrieren. 15 Jahre trainierte ich die koreanische Kampfsportart. Ich gewann viele Turniere, doch eine Einladung ins Nationalteam bekam ich nie. Da meine Leistung nicht anerkannt wurde, wechselte ich zum Kickboxen

und fand dort schließlich meine Erfüllung. Doch Kampfsport war schon immer mein Weg. Ob Karate, Taekwondo oder Kickboxen – ich wusste, ich will der Beste sein.

Warum erzähle ich dir diese Geschichte? Ganz einfach, ich möchte dir zeigen, dass ich bereits in einem sehr jungen Alter wusste, was ich wirklich will. Viele Menschen wissen ihr Leben lang nicht, was sie wirklich wollen. Erst wollen sie Musiker werden, dann wollen sie lieber Arzt werden und später doch Profisportler. Versteh mich nicht falsch, es ist nicht verkehrt, verschiedene Wege zu gehen. Es ist sogar notwendig, um seine Erfüllung und Bestimmung zu finden.

Manche Menschen suchen ihr ganzes Leben danach. Andere erfahren es im Alter von 30 oder 40. Wichtig ist, dass man sich bewusst wird, wo man hin will, was das Ziel ist. Am besten so früh wie möglich. Denn je früher man wirklich weiß, was man will, desto länger, härter und intensiver kann man daran arbeiten, sein Ziel zu erreichen.

Ich habe bereits erwähnt, dass ich nicht will, dass du mich hier falsch verstehst. Auch ich habe mal Gitarre gespielt, auch ich war als Kind beim Fußballtraining und sogar im Turnverein. Ich habe viele Sachen gemacht, habe aber gemerkt, dass mir Nichts so viel gibt wie der Kampfsport. Obwohl ich angefangen habe, andere Dinge auszuprobieren, habe ich nie das Gefühl verloren, der beste Kämpfer der Welt werden zu wollen.

Die Dinge, die ich nebenbei gemacht habe, waren Hobbys für mich. Kampfsport war nie ein Hobby, Kampfsport war immer eine Lebenserfüllung für mich. Wer weiß, vielleicht hätte ich meine Lebenserfüllung im Gitarre Spielen oder beim Turnen gefunden? Dann wäre es so gewesen und ich wäre froh darüber gewesen, weil es das wäre, was ich wirklich will, was mich glücklich macht. Dies war allerdings nicht der Fall. So konnte ich feststellen, dass, egal was ich auch tat, mir der Kampfsport immer wichtiger war und ich nie mein Ziel „der beste Kämpfer der Welt“ aus den Augen verloren hatte. Dieses Ziel hatte ich immer vor Augen und arbeitete mein ganzes Leben daran, es zu erreichen.

Ich erzähle dir eine Gesichte aus meinem Leben, die ich immer sehr gern während meinen Motivationsvorträgen und Seminaren wiedergebe. Im Alter von 15 Jahren war ich in der neunten Klasse. Mein Lehrer stellte uns damals die Aufgabe aufzuschreiben, wo wir uns in 10 Jahren sehen und was wir bis dahin erreicht haben wollen. Im Nachhinein sollten wir unsere Aufschriebe der Klasse präsentieren. Viele meiner Mitschüler erzählten, dass sie einen guten Abschluss schaffen wollten und einen tollen Studienplatz bekommen, um diesen dann auch zu einem hervorragenden Ende zu bringen. Sie wollten in einem guten und sicheren Job arbeiten, ein tolles Auto fahren und eine Familie mit einer tollen Frau oder einem tollen Mann gründen. Ärzte wollten sie werden, Juristen oder Banker. Diese Ziele und Vorstellungen sind durchaus lobenswert. Sie wussten, dass sie auf jeden Fall in einem sicheren Job arbeiten wollen würden, um eine Familie gründen zu können. Die Priorität lag eben in der Familien- und Existenzgründung. Allein, sich seinen Zielen bewusst zu sein, ist ein wahrer Segen. Wenn dies Ziele waren, die von ganzem Herzen kommen, dann haben sie meinen größten Respekt verdient. Doch wenn ich mir nun diese Leute von damals heute anschaue und sehe, dass die Ärzte Bauarbeiter, die Banker Polizisten und die Juristen Kassierer geworden sind, erkenne ich, dass die damaligen Ziele keine Herzensziele waren. Sie wussten nicht, was sie wirklich wollen. Vielleicht hat mein damaliger Klassenkamerad nun seine Erfüllung als Bauarbeiter gefunden. Wenn das so sein sollte, dann gehört er zu den wenigen Menschen auf der Welt, der weiß, was er wirklich will. Doch ich habe die Vermutung, dass viele meiner damaligen Mitschüler nun das tun, was sie nicht wirklich gewollt haben. Vielleicht haben sie sich dazu entschieden, das zu tun, was sie nun tun, weil andere ihnen dazu geraten haben. Vielleicht auch, weil sie andere beeindrucken wollten. Vielleicht, weil sie dachten, sie finden nichts Anderes. Ich bin ehrlich, sie tun mir leid. Sie leben ihr Leben für andere, ohne die eigene Erfüllung zu finden. Letztendlich suchen sie ihr ganzes Leben danach, glücklich zu sein. Einige davon werden ihre Erfüllung vielleicht finden, andere werden sich vorspielen glücklich zu sein, um festzustellen, dass das, was sie schon jahrelang machen, nicht „ihr Ding“ ist. Diese Menschen warten jeden Montag auf das Wochenende, jedes Jahr auf den Sommer und ihr ganzes Leben warten sie darauf, glücklich zu werden. Der Unterschied zwischen diesen Menschen und mir ist ganz simpel und doch ziemlich kompliziert. Ich warte nicht... Ich lebe.

Dich interessiert sicher, was ich denn auf dem Blatt Papier stehen hatte. Polizist werden? Reich werden? Ein Topmodel heiraten? Nein!

Auf meinem Zettel standen nur zwei Wörter: „Kampfsport Weltmeister“.

Ich wusste, dass Kampfsport mein Lebensweg ist. Ich habe zu diesem Zeitpunkt zwar Taekwondo trainiert, allerdings habe ich bewusst nicht „Weltmeister im Taekwondo“ geschrieben. Sondern „Kampfsport Weltmeister“. Ich wusste noch nicht, ob Taekwondo meine Erfüllung wird. Ich wusste nicht, ob ich darin der Beste der Welt werden will. Ich wusste nur, dass Kampfsport meine Persönlichkeit ausmacht, egal ob Taekwondo oder Kickboxen. Deswegen wollte ich unbedingt in dieser Sache, die meinem Leben so viel gibt, Weltmeister sein.

Damals lachten mich alle aus, sogar mein Lehrer belächelte dies etwas und fragte mich: „Michael, hast du denn keine anderen Ziele, ich dachte, du wolltest zur Polizei?" Ja, das stimmte, ich wollte tatsächlich zur Polizei. Die Polizei war für mich ein interessanter Beruf, in dem man viel mit Menschen zu tun hat, Anderen helfen (dazu mehr in Kapitel 4) und Böses verhindern kann. Doch ich wusste, dass dies nicht meine Erfüllung sein wird. Ich hatte bereits mit 15 Jahren begriffen, was meine Erfüllung war und was mein Weg ist. Es war der des Kampfsports. Ich war damals und bin heute noch der Meinung, dass man sich zu 100 % auf das konzentrieren soll, was man wirklich erreichen will. Viel zu viele Menschen wollen alles auf einmal und machen nichts richtig. Ich habe bewusst nicht geschrieben, dass ich zur Polizei will. Ich habe bewusst nicht geschrieben, dass ich reich werden will. Ich war bereits reich. Du fragst dich warum? Weil ich das Geschenk von Gott bekommen habe, so früh zu erkennen, was meine Bestimmung ist. Ich habe das so früh erkennen dürfen, in meiner frühen Kindheit schon, sodass ich die ganze Zeit an meinem Ziel arbeiten konnte, ohne große Umwege gehen zu müssen.

Weißt du, was erstaunlich ist? Das ist nun genau 10 Jahre her. Ich bin nun 25 Jahre alt. Ich habe mein Ziel, dass ich auf den Zettel geschrieben habe, erreicht. Ich wurde mit 21 Jahren Amateur- und nun mit 25 Jahren Profi-Weltmeister in einer Kampfsportart (Kickboxen K1). Du fragst dich, wie das sein kann? Ich verrate es dir! Weil ich wusste, was meine Bestimmung ist und nur daraufhin gearbeitet hab. Ich hatte zu keinem Zeitpunkt Zweifel, dass ich das nicht schaffen werde.

Ich möchte dir damit sagen, dass es enorm wichtig ist, so früh wie möglich zu erkennen, was du wirklich willst. Hör dabei auf dein Herz und nicht auf deinen Verstand. Dein Verstand ist ein Instrument, das nur eingesetzt werden soll, wenn es gebraucht wird. Er wird dich fehlleiten und dir vorspielen, dass du deine Erfüllung in dem gefunden hast, was du tust. Weil es „vernünftig“ ist, weil es „sicher“ ist und weil „andere das von dir erwarten“. So wirst du nie deine Erfüllung und deinen Weg finden. Versuch‘ dir nicht vorzuspielen, dass du dein Glück gefunden hast. Versuch‘ nicht krampfhaft danach zu suchen, nur, weil ich dir sage, du musst so früh wie möglich deine Erfüllung finden. Öffne dein Herz, öffne deinen Geist, erkenne Geschenke des Lebens und höre immer auf dein Inneres. Das sogenannte Bauchgefühl ist meistens das richtige Gefühl. Wenn du diese Punkte beachtest, dann glaub mir, wirst du erkennen, welchen Weg du meiden und welchen Weg du gehen musst, um deine Erfüllung im Leben zu finden. Hast du dies erkannt, ist das der erste Schritt auf deinem Weg zum Erfolg.

1.2 Das Streben nach Glück

Im Grunde lässt sich die Frage, was der Mensch im Leben will und sucht, auf einen einzigen Satz reduzieren: Jeder Mensch will und sollte zu 100 % glücklich sein. Der Weg zu diesem Ziel ist jedoch alles andere als einfach und selbsterklärend, zumal wahre Erfüllung niemals final, sondern nur jeden Tag neu erreicht werden kann. Ausgehend von der in der Psychologie anerkannten Maslowschen Bedürfnispyramide können die Bedürfnisse eines jeden Menschen zunächst in sogenannte Defizit- und Wachstumsbedürfnisse unterteilt werden, bevor sich diese weiter aufgliedern. Während die Defizitbedürfnisse im Wesentlichen den menschlichen Drang nach Nahrung, körperlicher Unversehrtheit, Fortpflanzung und sozialem Leben umfassen, beschreiben die Wachstumsbedürfnisse das für dieses Buch wesentliche menschliche Streben nach Anerkennung, Wertschätzung, persönlichem Wachstum sowie Selbstverwirklichung. Diese Begriffe mögen zunächst sehr formal und wissenschaftlich klingen, beschreiben jedoch nichts anderes, als den Wunsch, das eigene Potential im Leben voll ausschöpfen zu können. Das Verständnis und die Akzeptanz der individuellen Sehnsüchte ist daher der erste wesentliche Schritt zum Erfolg eines jeden Menschen. Verkompliziert wird diese Selbstfindung vor allem durch die Tatsache, dass es vielen Menschen schwerfällt, ihre tiefen inneren Wünsche von dem untergeordneten Streben nach sozialer Anerkennung zu unterscheiden. Besonders deutlich wird dies, wenn man die „unglückliche" Karriere vieler Menschen beobachtet, welche nicht ihren tiefen inneren Wünschen folgen, sondern sich von dem Bedürfnis, dritten Personen (Eltern, Freunde, Gesellschaft) gefallen zu wollen, leiten lassen und ihre Entscheidungen entsprechend treffen.

Die eigene Bestimmung

Michaels persönliche Geschichte illustriert dieses eben erläuterte Finden seiner Bestimmung – Kämpfer zu werden und seine Kunst ausleben sowie weitergeben zu können – sehr schön. Er erkannte schon sehr früh in seinem Leben, dass ihm das tägliche Training seines eigenen Körpers sehr viel Spaß macht und er mit seiner persönlichen Umgebung – seinem Vater und seinem Bruder – sowie seinen Veranlagungen, (Körperbau, Reflexe, Handeln unter Druck) die optimalen Voraussetzungen für eine Karriere als professioneller Kampfsportler besitzt. Weiterhin ließ er sich durch gesellschaftliche Normen – in denen es, wie er es über seine schulischen Erfahrungen gut erläutert, eher belächelt wird, seinen tieferen inneren Wünschen zu folgen, sofern diese nicht standardisierte gesellschaftliche Ziele umfassen - nicht von seinem Traum abbringen. Während gesagt werden muss, dass das Finden der eigenen Bestimmung nicht bei jedem so früh beginnt wie bei Michael, ist es fair zu sagen, dass alle Menschen sich ihrer individuellen Träume bewusstwerden können, jedoch nur die wenigsten Menschen das Selbstvertrauen besitzen, diese Träume auch zu verfolgen. Das Bedürfnis nach Sicherheit, sozialer Anerkennung und temporärer Befriedigung überwiegt bei vielen Menschen gerade in jungen Jahren so sehr, dass sie ihre Träume diesen unterordnen.

Weiterhin missverstehen viele Menschen ihr Streben nach Geld als ihren Traum. Finanzielle Freiheit ist wichtig, um seine Bedürfnisse voll und ganz ausleben zu können und die damit verbundene Sicherheit ist definitiv ein schöner Nebeneffekt des Erfolges. Jedoch sollte das Streben nach Reichtum niemals zum ultimativen Ziel erklärt werden, sondern vielmehr das Ergebnis der eigenen Selbstverwirklichung sein. Das untrennbare – wenn auch leider vielen Menschen unbewusste – Streben, anderen Menschen im Rahmen der eigenen Selbstverwirklichung Wert geben zu können, wird auf kurz oder lang unweigerlich zu einer gewissen finanziellen Unabhängigkeit und sozialer Anerkennung führen.

Während der nie endende Prozess der Selbstfindung natürliche ganze Bücher füllen könnte, kann zusammenfassend für dieses Kapitel gesagt werden, dass die Bestimmung im höheren Sinne einer Person stets die folgenden Merkmale erfüllt:

- Die Tätigkeit macht dir Spaß und gibt dir ein Gefühl der inneren Zufriedenheit.
- Du hast die notwendigen Voraussetzungen, in diesem Bereich einer der Besten zu werden.
- Du siehst Potential, durch deine Selbstverwirklichung anderen Menschen Wert geben zu können.
- Du bist bereit, die mit deiner Entwicklung in Verbindung stehenden Opfer zu bringen.

Besonders der letzte Punkt ist derart bedeutend, dass er im nachfolgenden Kapitel explizit erläutert wird.

2 Was bin ich bereit zu geben?

2.1 Der schwierige Weg zum Erfolg

In meinem Leben wurde ich schon oft getestet, wie sehr ich mein Ziel wirklich erreichen möchte und was ich bereit bin, dafür zu geben. Ich habe auf viele Dinge im Leben verzichtet – Dinge, die für den ein oder anderen zum Leben dazugehören und erfüllend wirken.

In einem jungen Alter ist es üblich, dass man feiern gehen möchte, viel Zeit mit den Freunden verbringen und neue „aufregende“ Dinge erleben will. Viele Menschen meinen, dass sie viel für ihr Ziel aufgeben. Sich reinhängen. Doch sobald das Wochenende an die Tür klopft, verlieren sie ihr Ziel aus den Augen. Sie wollen Spaß haben, sich grundlos betrinken und den Alltagsstress vergessen. Diese Leute haben nie wirklich etwas für ihre Ziele aufgegeben. Sie meinen, dass sie viel dafür geben, sie arbeiten ja schließlich jeden Tag unter der Woche hart an ihren Zielen, dann muss es doch verständlich sein, dass man sich am Wochenende dafür belohnen und feiern kann. Doch Leute, die so denken, werden niemals erfolgreich sein. Ihnen fehlt eine wichtige Eigenschaft: Disziplin!

Eines Tages fragte mich ein Junge: "Wieso gehst du am Wochenende nicht feiern sowie ich?"

Ich antworte mit einer Gegenfrage: "Was feierst du denn?"

Er antworte: "Ich will einfach mein Leben genießen und die Sorgen der Woche vergessen!"

Ich fragte daraufhin: "Wieso versuchst du nicht jeden Tag dein Leben zu genießen und daran zu arbeiten, keine Sorgen mehr zu haben sowie ich?"

Wenn andere am Wochenende feiern, trainiere ich. Während sich andere am Wochenende betrinken, ernähre ich mich gesund. Wenn andere Selbstzweifel haben, arbeite ich an mir selbst. Ich nutze jede freie Minute, um mich zu verbessern und mein Ziel, dass ich stets vor meinen Augen habe, zu erreichen. Mein bester Freund Markus hat während einem unserer Seminare einmal gesagt: „Wenn ich Samstagnacht um 1 Uhr am Gym vorbeifahre, sehe ich wie das Licht brennt und Michi trainiert, als würde ihm die ganze Welt zuschauen, obwohl kein einziger Mensch bei ihm ist!“

Du magst vielleicht denken, dass dies leicht absurd klingt. Du wirst dir vielleicht denken, dass ich mein Leben nicht genieße und kein Spaß habe. Doch ich werde dir was verraten. Ich genieße mein Leben jede Sekunde. Wenn ich im Gym bin und trainiere, dann ist das meine Erfüllung. Mich erfüllt es, das zu tun was ich liebe. Andere lieben das Feiern, ich liebe das Training. Ich liebe den Prozess, wie ich mich weiterentwickle und wie ich meinen Zielen immer näher komme.

Versteh mich nicht falsch, natürlich gehe auch ich feiern. Natürlich verbringe ich auch Zeit mit meinen Freunden. Allerdings, halte ich meinen Fokus bei meinen Zielen. Wenn ich einen wichtigen Kampf habe, dann gehe ich acht Wochen davor kein einziges Mal feiern. Ich rauche keine Schischa und ich trinke keinen Alkohol. Ich will den Kampf in acht Wochen gewinnen und gebe alles dafür. Und wenn ich dafür am Wochenende nachts im Gym trainieren muss, dann ist das so. Ich bereite mich auf jeden Kampf vor, als wäre es mein letzter. Genauso solltest du dich auf jede deiner Aufgaben vorbereiten, als wäre es die letzte in deinem Leben.

Wenn der Fight vorbei ist, dann feiere ich den Sieg und trinke sogar einen Abend Alkohol. Ich verbringe wieder etwas mehr Zeit mit meinen Freunden und der Familie. Ich esse Pizza und Schokolade. Das ist für mich meine Belohnung, für die harte Arbeit. Ich nutze es als Regenerationsphase. Ich versuche mich zu erholen und mich um Dinge zu kümmern, die ich in meiner Vorbereitung vernachlässigt habe. Das ist auch wichtig für den Körper, um zu funktionieren. Er braucht auch mal Phasen, wo es nicht immer nur darum geht, Leistung zu bringen. Doch nach dieser Phase, die ein bis zwei Wochen andauert, fange ich wieder an. Ich arbeite weiter an mir. Auch wenn ich keinen Kampf habe, arbeite ich jeden Tag an mir und meinen Zielen.

Ich musste viele Entscheidungen in meinem Leben treffen – Entscheidungen, die mein Leben in eine komplett andere Richtung hätten lenken können. Ich wurde schon mehrere Male vor die Wahl gestellt. Ich alleine war dafür verantwortlich, in welche Richtung ich mich bewegen will.

Als ich noch Amateur im Kickboxen war, lernte ich eine Frau kennen. Diese wurde später meine Freundin und ich war fast zwei Jahre mit ihr zusammen. Anfangs unterstützte sie meinen Sport. Sie wusste, dass ich Profi werden will. Sie stand hinter mir und wünschte mir, dass ich diesen Traum erlebe. Schließlich wurde ich Profi. Natürlich kamen jetzt auch vermehrt mediale Aufgaben auf mich zu. Zusätzlich trainierte ich noch mehr und härter, um in der Profi-Liga bestehen zu können und um dort der Beste zu werden. Infolgedessen hatte ich natürlich weniger Zeit für meine damalige Freundin. Ich versuchte Kompromisse zu schließen, doch für sie fühlte es sich so an, als würde sie mich durch meinen Sport verlieren bzw. als würde mein Sport über ihr stehen. Das war jedoch nie der Fall. Die Liebe zu einem Menschen – und es war die einzige Frau in meinem Leben, die ich wirklich vom ganzen Herzen geliebt habe – kann man nicht mit einer Liebe zu einer Sportart vergleichen. Man kann beides nicht in eine Schublade stecken. Für mich war sie der wichtigste Mensch der Welt. Mein Sport und meine Ziele waren meine Bestimmung, meine Erfüllung. Ich merkte, dass ich immer öfter mit ihr in Streit geriet. Dies geschah nicht, weil wir Probleme miteinander hatten. Dies geschah, weil sie sich, verständlicher Weise, benachteiligt gefühlt hat. Wir konnten keine Lösung finden. Vielleicht, weil ich zu stur war, meine harte Arbeit runter zu schrauben oder weil sie zu uneinsichtig war. Ich weiß nicht, was es war, ich merkte nur, dass es immer mehr Probleme in der Beziehung gab. Ich wusste zu dem Zeitpunkt, dass ich sie irgendwann verlieren werde, wenn ich meinen Sport weitermache und weiter an meinen Zielen arbeite. Ich wurde von ihr niemals vor die Wahl gestellt, aber ich wusste tief im Inneren, dass ich nun vor einer Entscheidung stehe. Gebe ich meine zweijährige Beziehung mit einer Frau auf, der ich blind vertraute, die ich lieben und schätzen gelernt hatte, die alles für mich war? Oder gebe ich meinen Traum auf Profi-Weltmeister zu werden? Kampfsport hatte mich geprägt, es hatte mich zu jenem Menschen gemacht, der ich damals war und heute bin. Es hat meine Persönlichkeit entwickelt und mir meinen Weg und meine Erfüllung gezeigt. Das wollte und konnte ich nicht aufgeben. Hätte ich das aufgegeben, hätte ich ein Teil von mir aufgegeben. Das hätte ich mir nie verziehen. So kam es, wie es kommen musste. Wir trennten uns voneinander. Nicht im Streit, nicht im Bösen. Wir entschlossen uns beide, getrennte Wege zu gehen. Wenn ich dir jetzt sagen würde, dass dies leicht für mich war, dann würde ich lügen. Es war alles andere als leicht. Ich fühlte eine lange Zeit das Verlangen nach ihr. Mir ging es nicht gut. Ich wurde von einer negativen und traurigen Aura umhüllt. Ich hoffe, du kannst dir annährend vorstellen, wie schwer diese Entscheidung für mich damals war. Doch mit jedem Tag, an dem ich trainierte, ging es mir besser. Mit jedem Tag, der mich näher an meine Ziele brachte, wurde ich positiver. Ich fühlte mich wieder erfüllt. Mir wurde bewusst, warum ich meine Beziehung aufgegeben hatte. Ich hatte sie aufgegeben, um das zu tun, wofür mein Leben bestimmt ist: zu kämpfen und zu siegen.

Die wohl härteste Entscheidung in meinem Leben war, als ich von meinem damaligen Arbeitgeber vor die Wahl gestellt worden bin: Polizist oder Profi-Kickboxer. Wie ich bereits erwähnt hatte, war ich tatsächlich einmal Polizist und das sogar acht Jahre lang.

Als ich mit 16 Jahren meine Ausbildung bei der Polizei begann, trainierte ich noch Taekwondo. Sport wurde in der Ausbildung immer sehr von der Polizei unterstützt und gefördert. Für wichtige nationale und internationale Turniere bekam ich sogar Sonderurlaub.

Ich beendete meine Ausbildung und verrichtete nun meinen Dienst als Beamter. Gleichzeitig kämpfte ich weiterhin auf Taekwondo-Turnieren. Ich wechselte schließlich zum Kickboxen und wurde innerhalb von vier Jahren fünffacher Weltmeister bei den Amateuren. Auch hier wurde ich von der Polizei unterstützt. Für die Weltmeisterschaften, die unter anderem in den USA oder Griechenland stattfanden, erhielt ich ebenfalls Sonderurlaub. Meinen Dienst durfte ich teilweise so planen, dass ich konstant trainieren und meine Leistung verbessern konnte. Im November 2014 folgte mein Profi-Debüt auf der Stekos Fight Night. Dieser Kampf wurde im Nachhinein auf Sport 1 ausgestrahlt. Mein Dienstherr erkannte, dass ich mit meiner Profi-Tätigkeit nun auch etwas Geld neben meiner Arbeit bei der Polizei verdiene. Schließlich bekam ich einen Brief von meiner Führung, indem stand, dass ich doch bitte einen Antrag auf Nebentätigkeit stellen solle. Dies war ein normaler Antrag für den Fall, dass man einen Zweitjob annehmen und neben der Polizei Geld verdienen möchte. Das heißt, hätte ich nebenbei im Kino oder im Lager arbeiten wollen, so hätte ich denselben Antrag stellen müssen.

Dies tat ich dann auch vorschriftsmäßig. Eine Rückmeldung nach meinem Antrag erhielt ich nicht. Ich kämpfte so weiterhin auf den Profi-Veranstaltungen und im TV. Als ich am 21. November 2015 schließlich Europameister bei den Profis wurde, wuchs das Interesse der Medien bezüglich meiner Person immer mehr. Dies bekam natürlich auch meine Polizeiführung mit. Fast genau ein Jahr später erhielt ich eine Ablehnung meines Antrages auf Nebentätigkeit. Dies hieß im Umkehrschluss, dass ich keine Profi-Kämpfe mehr bestreiten durfte. Die Begründung dazu war, dass das Verletzungsrisiko zu hoch sei und dass mein Dienst dadurch beeinträchtig würde. An dieser Stelle muss ich erwähnen, dass ich immer zwischen meinen Schichten trainiert habe. Wenn andere zwischen der Früh- und Nachtschicht geschlafen haben, habe ich trainiert. Ich habe vor und nach dem Dienst trainiert. Während dem Dienst war ich voll einsatzfähig. Der Dienst war also in keiner Weise beeinträchtigt. Fehlzeiten aufgrund von Verletzungen durch das Kickboxen hatte ich sehr selten. Wenn man sich überlegt, dass ich in meiner gesamten Polizeilaufbahn aufgrund Verletzungen circa zwei Wochen gefehlt hatte, und andere Kollegen aufgrund einer Verletzung, die sie sich beim Fußballspielen zugezogen hatten, fast ein Jahr krankgeschrieben waren, dann ist das in meinen Augen doch sehr unverhältnismäßig. Ich verstand nicht, warum man mir mein Traum verbieten wollte.

Zu diesem Zeitpunkt begann ein langer Kampf.

Ich versuchte alles, um eine Lösung und einen Ausweg zu finden. Da diese Entscheidung führungsabhängig ist, stellte ich einen Antrag auf Versetzung zu einer anderen Dienststelle. Dieser wurde abgelehnt. Ich stellte einen Antrag auf eine Teilzeitbeschäftigung und einen auf unbezahlte Beurlaubung. Auch dies wurde abgelehnt. Weder die Gewerkschaft noch der Personalrat konnten mir weiterhelfen. Im März 2016 stand der nächste Profikampf an. Ich hatte immer noch keine Lösung gefunden, wie ich Polizist sein und weiter Profi-Kämpfe bestreiten könnte. Ich wusste, wenn ich kämpfe, bekomme ich ein sogenanntes Disziplinarverfahren und ich verliere meinen Status als Beamter. Für mich kam gar nicht in Frage den Kampf abzusagen. Dieser war extrem wichtig für meine sportliche Karriere, denn ich arbeitete daraufhin, noch im Jahr 2016 Profi-Weltmeister zu werden.

Ich stand wieder einmal vor einer Entscheidung in meinem Leben. Wieder wurde ich vom Leben getestet, wie sehr ich mein Ziel, „der beste Kämpfer der Welt“ zu werden, erreichen will. Diese Entscheidung war alles andere als einfach.

Ich konnte nächtelang nicht schlafen, fiel wieder einmal in ein Loch der Traurigkeit und negativen Aura. In dieser Situation dachte ich nur daran, ob ich einen sicheren Beamtenstatus auf Lebenszeit aufgeben soll, um weiter für meinen Traum zu kämpfen. In dieser Situation, wie auch in anderen schweren Situationen, hatte ich Leute, die mich stärkten und hinter mir standen. Dazu aber mehr in Kapitel 5. Ich fing an, wieder einmal auf mein Herz zu hören und meinen Verstand auszuschalten. Meine Entscheidung war klar. Es konnte keine andere Entscheidung geben. Ich wusste in der neunten Klasse, dass Kampfsport meine Erfüllung sein wird und nicht die Polizei. Ich wollte Weltmeister in einer Kampfsportart werden und nicht der beste Polizist der Welt.

So ging ich, mit meinem besten Freund Markus an meiner Seite, zum damaligen Polizeipräsidenten, um persönlich meine Kündigung bei ihm abzugeben. Ab dem 01. März 2016 war ich also kein Polizist mehr, sondern Profisportler. Seit diesem Zeitpunkt geht es mir jeden Tag besser. Ich bin von Tag zu Tag glücklicher. Ich stehe jeden Morgen auf und weiß, dass ich heute das tun kann, was ich liebe. Ich muss keiner Tätigkeit mehr nachgehen, der ich nicht nachgehen möchte. Ich bin selbst dafür verantwortlich, welchen

Weg ich gehe, wie dieser Weg aussieht und wie erfolgreich ich bin.

Ich möchte dir mit den Geschichten aus meinem Leben zeigen, dass es nicht nur ausreicht, zu wissen, was man will, sondern dass es Situationen im Leben geben wird, in denen man beweisen muss, wie sehr man es wirklich will. Man muss bereit sein, Dinge aufzugeben, die unvorstellbar sind. Man muss bereit sein, alles dafür zu geben, um seinen Traum und seine Ziele zu verwirklichen. Es werden solche Momente, in denen du dich entscheiden musst, in deinem Leben kommen. Vielleicht kamen sie schon und du hast dich auch für dein Herz entschieden. Vielleicht hast du dich für deinen Verstand entschieden. Egal was du getan hast, solltest du wieder vor einer großen Entscheidung in deinem Leben stehen, dann denke an meine Geschichte und daran, was ich alles aufgegeben hab. Wenn du bereit bist, alles für deine Erfüllung aufzugeben, dann bist du auch bereit, erfolgreich zu werden.

2.2 Nichts ist gewöhnlicher als der Wunsch außergewöhnlich zu sein

Wenn du auf die Frage, was du im Leben willst, mit Worten wie zum Beispiel „viel Geld“, „Bekanntheit“, „einen Traumkörper“ und/oder „einen Traumpartner“ antwortest, ist die Antwort derart oberflächlich und allgemein, dass sie für wahren Erfolg in der Tat wenig bedeutet. Das Problem mit diesen „Zielen“ ist nicht, dass diese nicht an sich direkt oder indirekt nicht erstrebenswert wären - ganz im Gegenteil. Das Problem mit solch oberflächlichen Formulierungen besteht vielmehr darin, dass diese jeder gesunde Mensch ernsthaft anstrebt. Der Grund, warum jedoch nur die wenigsten Menschen diese Ziele jemals erreichen, ist der damit verbundene Selektionsprozess: Wer reich oder bekannt werden möchte, sollte sich fragen, wie er anderen Menschen Wert geben kann, so dass diese ihm im Gegenzug Wert (oft in der Form von Geld) zurückgeben. Wer einen Traumkörper möchte, muss die untrennbar mit diesem verbundenen Trainingseinheiten und Einschränkungen in der Ernährung in Kauf nehmen. Wer einen bestimmten Typ von Person als Freund oder Partner in sein Leben ziehen möchte, muss sich fragen lassen, wie er an seiner Persönlichkeit und seinen sozialen Fähigkeiten arbeiten kann, damit die Beziehung als gegenseitige Erfüllung gesehen werden kann. Weiterhin ist das Erreichen von Zielen - egal ob im finanziellen, körperlichen, sozialen oder spirituellen Bereich - niemals ein Event, sondern stets ein fortlaufender Prozess. Wer nicht bereit ist, seine Geschäfte jeden Tag zu überdenken und neue Produkte und Dienstleistungen anzubieten, wird nicht lange Freude an einmal erlangtem

Reichtum haben. Wer sein Training und seine Ernährung vernachlässigt, wird unweigerlich bald einen eher durchschnittlichen Körperbau haben.

Die Tests des Lebens

Wie Michael in seiner Geschichte in diesem Kapitel beschreibt, wird der Weg des Erfolgs von ständigen Hindernissen, schwierigen Entscheidungen und zu bringenden Opfern begleitet. Wer sich dieser Hürden nicht von Anfang an bewusst ist und bereit ist, diese bedingungslos anzunehmen und als Chancen zu sehen, wird in diesem Bereich niemals wirklich außergewöhnlich werden. Das Leben testet die Willenskraft einer Person täglich, indem es die verschiedensten Dinge oder auch mal einfach gar nichts geschehen lässt. Viele Menschen beginnen an diesem Punkt an sich zu zweifeln oder ziehen die temporäre Befriedigung dem Erreichen ihrer Träume vor.

Anhand von Michaels Geschichte lässt sich gut erklären, dass die zu bringenden Opfer und die anstehenden Risiken auf dem Weg des Erfolges immer schwerwiegender werden, jedoch im Gegenzug auch immer größere Chancen bieten. So musste sich Michael von einer geliebten Person trennen, weil er erkannte, dass er ohne seine Verwirklichung als Kämpfer sich niemals selbst und damit im Endeffekt auch keine andere Person lieben könnte. Dieses Opfer wog sehr schwer, wurde jedoch nach einiger Zeit mit einer unheimlichen Persönlichkeitsentwicklung belohnt. Er musste seinen Traumberuf und die damit verbundene soziale Sicherheit aufgeben, weil er erkannte, dass er seine wahre Bestimmung nur in der Ausübung und dem Weiterreichen seiner Kampfkunst finden konnte. Er ging dieses Risiko zum Unverständnis vieler Menschen ein und konnte schließlich nicht nur seinen Traum des Profi-WM-Titels verwirklichen, sondern durch den Aufbau seines Trainings- und Coachingunternehmens Team Smolik auch eine unvergleichbare finanzielle Unabhängigkeit erreichen. Wie du siehst, erreichen wir durch das Verfolgen einer tiefen inneren Bestimmung auch untergeordnete Ziele - selbst wenn sie zunächst mit dieser unvereinbar schienen.

Du als dein größter Gegner

Eines der schwierigsten „Opfer“ während des Prozesses der Selbstverwirklichung ist für viele Menschen, die eigene Person zu hinterfragen und sich von destruktiven Denk- und Verhaltensweisen zu treffen. Die meisten Menschen verwechseln ihr sogenanntes Ego mit ihrer Persönlichkeit und erkennen nicht oder viel zu spät, dass das vom Ego verursachte Verhalten vielmehr ihr Wachstum und ihre persönliche Wirkung hemmt. Das Ego ist eine Art Autopilot menschlichen Verhaltens, das zwar grundlegende Bedürfnisse repräsentiert, jedoch ursprünglich eher der Sicherstellung der Defizitbedürfnisse und vor allem des Selbsterhaltungstriebes dient, als den erläuterten Wachstumsbedürfnissen. Während diese automatisch ausgelösten „Kampf oder Flucht“-Reaktionsmuster in früheren Zeiten tatsächlich grundlegend für das menschliche Überleben waren, vergiften diese in unserer modernen Gesellschaft zumeist soziale Beziehungen, hemmen persönliches Wachstum und führen in Selbstzweifel. Das Ego reagiert in Situationen, in denen unsere Existenz – also unsere soziale Identität, unsere Meinung und unsere Werte – scheinbar von außen „bedroht“ werden mit übertrieben Verteidigungsmechanismen, welche sich beispielsweise darin äußern, dass man einen eigentlich gut gemeinten und konstruktiven Ratschlag zurückweist, sich gegenüber Menschen durch arrogantes Verhalten wertvolle Beziehungen verbaut oder sich durch das Verurteilen der eigenen Person in negative Denkmuster drängen lässt.

Von Unabhängigkeit zur Interdependenz

Ein weiteres „Opfer“ oder Risiko, das auf dem Weg zur Weltklasse und der Erfüllung in allen Bereichen der Persönlichkeitsentwicklung, zwar zunächst unheimlich klingt, jedoch wie alle anderen Risiken auch ein unheimliches Erfolgspotential birgt: Das Aufgeben der eigenen Unabhängigkeit zur Erreichung von sogenannter Interdependenz. Michael hätte seinen sportlichen und beruflichen Erfolg wahrscheinlich niemals ohne den entsprechenden Rückhalt durch verschiedene Trainer, Trainingspartner, Sponsoren und seiner Familie erreicht. Diese „Abhängigkeit“ mag Unerfahrenen zwar als Risiko erscheinen, jedoch besteht das wahre Geheimnis des Erfolges darin, dass dieser niemals alleine erreicht werden kann. Im Gegensatz zur reinen Abhängigkeit – welche es auf jeden Fall zu vermeiden gilt – beschreibt die sogenannte Interdependenz das wahnsinnig mächtige Konzept der wechselseitigen Abhängigkeit, welches in einer Aufwärtsspirale der gegenseitigen Unterstützung resultiert.

So hat es Michael niemals versäumt, den Menschen, die seiner Meinung nach zu seinem Erfolg beigetragen haben, entsprechend etwas zurückzugeben und diese an seinem Erfolg teilhaben zu lassen. Dieses großzügige Teilen von Anerkennung sowie sportlichem und finanziellen Erfolg führt im Gegenzug natürlich wiederum dazu, dass diese Menschen erkennen, dass das „Investment“ in Michaels Erfolg ihrerseits einen unglaublichen Rückfluss bietet, wodurch intelligente Menschen mehr als bereit sind, ihn auch weiterhin bedingungslos zu unterstützen und zu fördern.

3 Motivation

3.1 Die Motivation zum täglichen Training

Ich habe in meinem Leben mehrere Phasen durchlebt. Phasen, in denen ich immer neue Motivation schöpfen konnte. Dabei kamen die unterschiedlichsten Dinge und Situationen in meinem Leben vor, in denen ich immer wieder neue Kraft getankt habe.

Zunächst einmal ist es nicht wichtig, woher diese Motivation kommt. Zunächst ist es wichtig, dass man überhaupt motiviert ist. Dabei rede ich nicht von einer kurzen Flamme, die bei der kleinsten Windböe erlischt, sondern von einem Feuerwerk, dass selbst einen Sturm „überlebt“. Ob die Motivation aus Wut, Hass, Neid, Inspiration oder dem eigenen Willen entsteht, ist zumindest anfänglich nicht von großer Bedeutung. Wichtig ist nur, dass diese Motivation da ist und vor allem bestehen bleibt. Sollten sich die Gründe der Motivation ändern, wie es bei mir der Fall war, ist dies umso besser, so schöpfst du immer neue Kraft.

Ich erkläre dir, was ich damit meine. Wie du bereits weißt, hat mein Vater meinen Bruder und mich schon trainiert, als wir ganz klein waren. Da mein Bruder zwei Jahre älter ist als ich und man mit mir als Dreijährigem damals trainingstechnisch nicht viel anfangen konnte, wurde zunächst die Aufmerksamkeit und Förderung im Kampfsport-Bereich auf meinem Bruder gelenkt.

Ich kann mich nicht mehr erinnern, was ich damals dachte. Ich wusste nur, dass ich mich benachteiligt fühlte. Dies zog sich über ein paar Jahre. Ich wurde mehr ins Training integriert, doch der Fokus lag immer noch bei meinem Bruder. Man muss dazu sagen, dass mein Vater mir damals nichts Schlechtes wollte. Ich war eben immer sein jüngerer Sohn und er wollte mich einfach schützen. Als Kind habe ich das natürlich nicht verstanden. Und so kommen wir zu meiner ersten Phase der Motivation. Neid gegenüber meinem Bruder und Anerkennung von meinem Vater. Dieser Neid gegenüber meinem Bruder war nie bösartig. Wir verstanden uns immer sehr gut. Spielten und trainierten viel zusammen. Dieser Neid steht in Verbindung mit der Anerkennung von meinem Vater. Ich wollte, dass man auch mit mir so viel trainiert. Ich wollte auch im Mittelpunkt stehen, und dass der Fokus mal auf mich gelenkt wird und nicht auf meinem Bruder. Außerdem war mein Bruder damals logischerweise viel besser und stärker als ich. Dies bemerkte ich vor allem während unseres gemeinsamen Trainings. Ich merkte, dass er mir komplett überlegen war. Dies nutzte er allerdings nie aus. Wieso diese Information wichtig ist, wirst du gleich erfahren.

Und so motivierte ich mich schon als kleines Kind, mehr zu tun. Ich weiß es noch, als wäre es gestern gewesen, wie ich als kleiner Junge in meinem Kinderzimmer war und versuchte selbst zu trainieren. Ich schaute mir immer heimlich die Kampffilme von meinem Vater auf VHS an und versuchte dadurch, Trainingstipps zu bekommen. Während mein Bruder draußen spielte, versuchte ich mich trainingstechnisch weiterzuentwickeln. Diese Parallele spiegelt sich in meiner heutigen Situation als Profi wieder. Ich trainiere spät nachts, weil ich das Gefühl brauche, mehr zu tun als mein bevorstehender Gegner. Wenn mein Gegner schläft, trainiere ich. Als mein Bruder damals spielte, trainierte ich.

Ich merkte meinen Fortschritt von Tag zu Tag. Nach ein paar Jahren war es soweit, ich war besser als mein Bruder. Als ich 10 Jahre alt war, trainierte ich unter der Aufsicht meines Vaters mit meinem Bruder im Keller des Hauses, wo sich ein Trainingsraum befand. Am Ende des Trainings kämpften mein Bruder und ich in einem Übungskampf (Sparring) gegeneinander. Ich merkte plötzlich, dass er mir unterlegen war. Dies nutzte ich aus. Ich wollte meinen Vater beeindrucken, ihm zeigen, wie gut ich geworden bin. Es artete aus und mein Bruder weinte letztendlich, weil ich ihn verletzt hatte.

Kannst du dich erinnern? Ich habe ein paar Zeilen zuvor erwähnt, dass mein Bruder seine körperliche Überlegenheit mir gegenüber nie ausnutze. Doch was tat ich? Genau das Gegenteil! Du fragst dich sicher warum? Es war eine negative Form der Motivation. Ich wollte meinem Vater mit aller Kraft beweisen, wie gut ich bin und verletzte in dieser Situation einen Menschen, der einer der wichtigsten in meinem Leben ist, meinen Bruder. Heute tut mir diese Situation wahnsinnig leid. Damals erkannte ich nicht, dass es nicht gut war, was ich tat.

Du merkst, im Endergebnis hat mir diese Phase der Motivation enorm viel geholfen. Ich habe so viel trainiert, jeden Tag, um immer besser zu werden. Letztendlich zahlte es sich aus. Ich wurde immer stärker und besser.

Diese Form der Motivation ist, wie ich bereits erwähnt hatte, anfänglich sehr gut. Doch wenn diese zu einer Übermotivation wird und andere dadurch einen Nachteil erleiden, dann muss man erkennen, dass dies nicht mehr der richtige Weg sein kann. Es ist egal, ob du Kampfsportler, Fußballspieler oder Unternehmer bist. Es ist egal, wie stark du dich verbessern konntest. Schwankt es in eine negative Form der Motivation, musst du anfangen, deine Motivation anderweitig zu schöpfen. Ansonsten schadest du Menschen in deinem Umfeld. Warum das so wichtig ist, erfährst du in Kapitel 4.

Da ich dies als Kind erkannte, änderte ich die Art meiner Motivation und somit begann eine neue Phase in meinem Leben.

Durch meine Einstellung zum Kampfsport und der polnischen Herkunft meiner Eltern, wurde ich in meiner Schulzeit oft ausgegrenzt. Die Kinder und später Jugendlichen verstanden nicht, wie ein Kind in ihrem Alter schon so einen Fokus haben kann. Sie empfanden es als komisch. So war ich für eine lange Zeit ein Einzelgänger. Sowie ich schon erwähnt habe, wurde ich von meinen Mitschülern, von vielen Außenstehenden ausgelacht. Sie trauten mir meine Ziele nicht zu, lachten über meine Träume. Als die anderen Mitschüler so langsam in das Alter kamen, wo Alkohol und Zigaretten in Betracht kamen, war ich immer noch in „meiner Welt“. Die wenigen Freunde, die ich damals gefunden hatte, wollten dann auch zu den „Coolen“ der Schule gehören. Sie hatten Angst, selbst ausgegrenzt zu werden. So schwammen sie mit dem Strom. Sie gingen mit 15 auf Partys ab 18. Sie tranken Alkohol, rauchten, nahmen teilweise Drogen. Die Jungs fangen immer mehr an sich für Mädchen zu interessieren und umgekehrt. Wenn du denkst, dass ich damals ein Frauenschwarm war, dann täuscht du dich ganz gewaltig.

Für dich mag das alles im ersten Moment ziemlich langweilig klingen. Vielleicht denkst du dir auch, dass ich in meiner Jugend keinen Spaß hatte und vieles verpasst habe. Du kannst mir glauben, dass auch ich viel Blödsinn gemacht habe, aber dazu mehr im nächsten Kapitel. Für mich fühlte es sich nicht so an, als ob ich etwas verpasse. Spaß bedeutete für mich zu leben. Leben bedeutete für mich nicht Alkohol, Drogen und Frauen. Leben bedeute für mich, zu trainieren. Leben bedeute für mich, jeden Tag an meinen Zielen zu arbeiten. Das Gefühl, etwas verpasst zu haben, hatte ich nie. Weil mir nichts fehlte.

Wenn du dich fragst, was das mit meiner neuen Phase der Motivation zu tun hat, dann solltest du nun aufmerksam weiterlesen. Die Ausgrenzung der anderen Mitschüler veränderte zunächst auf negative Weise meinen Charakter. Auch dazu wirst du im nächsten Kapitel mehr erfahren. Doch ich erkannte schnell, dass ich dies zu meinem Vorteil nutzen könne. Es deprimierte mich nicht. Es machte mich auch nicht traurig. Es motivierte mich. Dies war einer meiner stärksten Motivationen in meinem ganzen Leben. Durch die Menschen, die mich auslachten, auf mich traten und mich behandelten, als wäre ich nichts wert, schöpfte ich eine unglaubliche Motivation. Es mag viele geben, die in so einer Situation einbrechen, depressiv werden, auf die falsche Bahn geraten und ihren Fokus verlieren. Um in dieser Situation stark zu sein, braucht man einen starken Charakter. Man muss mit dem Herzen handeln und nicht mit dem Verstand. Das Wichtigste aber, man muss wissen, was man wirklich will, wie in Kapitel 1 beschrieben. Ist einem dies bewusst, dann schöpft man aus solch einem negativen Umfeld eine dimensionale Kraft.

Ich dachte immer nur daran, wie andere sagten: „Du schaffst das eh nicht." Ich dachte daran, wie mir gesagt wurde: „Mit deinem Kampfsport wirst du nicht weit im Leben kommen." Das war meine Motivation. Ich wollte den anderen zeigen, dass ich mehr bin als sie von mir dachten. Ich wollte ihnen beweisen, dass sie sich irrten. Ich wusste tief in meinem Herzen, dass ich mit Kampfsport die Welt verändern kann. Das klingt vielleicht etwas überdimensional, doch ohne dieses Denken, hätte ich keine Kraft und Motivation schöpfen können.

Eine weitere Stufe dieser Phase erreichte ich in meinem einundzwanzigsten Lebensjahr. Ich gewann alle Amateur-Turniere im Kickboxen ohne eine einzige Niederlage. So qualifizierte ich mich für meine erste Amateur-Weltmeisterschaft, die in Orlando ausgetragen wurde. Drei Monate vor dieser Weltmeisterschaft war ich zusammen mit meinem Bruder und einem meiner besten Freunde, Karsten, in der Karibik, um Urlaub zu machen. In diesem zweiwöchigen Urlaub trainierte ich nicht. Ich feierte meine Qualifikation und versuchte mich zu entspannen. Ich wusste, dass ich nach diesem Urlaub mit einer harten zehnwöchigen Vorbereitung für die Weltmeisterschaft beginnen musste.

Als ich zurück in Deutschland war, begann ich schließlich mit dem Training. Bei meiner ersten Trainingseinheit wollte mein Vater unbedingt dabei sein. Meine Kondition sowie meine körperliche Fitness in dieser Einheit waren alles andere als überzeugend. Mein Vater war dermaßen enttäuscht von mir, dass wir nach dem Training eine große Diskussion anfingen. So begann der schlimmste Streit, den ich jemals mit meinem Vater hatte. Mein Vater sagte mir, dass ich so niemals Weltmeister werden könnte. Er erzählte mir, wie er sich Videos von meinen potenziellen Gegnern anschaute und dass ich gegen diese niemals eine Chance haben könne. Ich rechtfertigte mich und war zornig, dass er nicht verstand, dass mir durchaus bewusst war, dass ich mich nun hart vorbereiten müsse. Ich wusste, dass meine körperliche Verfassung nach dem Urlaub nicht die Beste war, aber ich wusste genauso, dass ich die 10 Wochen nutzen konnte, um alles aus mir rauszuholen und um Weltmeister zu werden.

Dieser Streit ging sogar so weit, dass ich damals von zu Hause auszog. Heute weiß ich, dass er nur Angst um mich hatte und er vom ganzen Herzen wollte, dass ich gewinne. Er sah meinen Trainingszustand und war enttäuscht. Er wollte keinen Streit damit anfangen, er wollte mich einfach nur motivieren. Bewusst nahm ich das zur damaligen Zeit nicht wahr. Unbewusst hatte ich mich dadurch aber noch mehr motiviert. Wieder einmal wollte ich jemandem beweisen, dass ich mehr kann, als er von mir denkt. Ich wollte beweisen, dass ich Weltmeister werden kann. Im Training verspürte ich eine unglaubliche Aura, die mich umgab. Ich spürte wie die Energie durch mich floss. Es fühlte sich an, als könne mich kein Mensch der Welt aufhalten. Das alles zog ich aus der Motivation, es den anderen Menschen und vor allem meinem Vater beweisen zu wollen.

Ich muss zugeben, ich verspürte während des Trainings auch immer eine Form des Zorns gegenüber meinem Vater. Dies kann man durchaus mit einer negativen Form der Motivation vergleichen. Zorn und Wut mögen eine Form der Motivation sein, doch sie lenken deinen Geist in die falsche Richtung.

Eines nachts trainierte ich im Gym. Tausende von Schlägen und Tritten trafen den Boxsack. Ich hatte keine Boxhandschuhe an, sodass meine Knöchel anfingen zu bluten. Ich schlug immer weiter. Ich musste die ganze Zeit daran denken, wie mein Vater sagte, dass ich so nie Weltmeister werden könne. Ich versuchte meinen ganzen Zorn und meine ganze Wut aus meinem Körper zu lenken. Während den unzähligen Salven, die ich abfeuerte, kamen mir plötzlich Tränen. Tränen, weil ich so sauer auf ihn war. Ich konnte nicht fassen, dass mein eigener Vater nicht an mich glaubte. Ich flog nach Amerika, ohne mich mit meinem Vater zu versöhnen. Ich spürte einen unglaublichen Druck. Ich wusste, wenn ich versage, dann haben all die anderen Recht mit dem, was sie über mich sagten und dachten. Dennoch zweifelte ich nicht an mir. Ich wusste, dass ich mich so hart wie noch nie zuvor in meinem Leben vorbereitete hatte.

So gewann ich tatsächlich meine erste Weltmeisterschaft. Nicht nur das, ich wurde sogar zweifacher Weltmeister in zwei verschiedenen Kategorien. Kickboxen Einzel- und Teamkampf. Ich realisierte allerdings nicht sofort, was ich da erreicht hatte.

Erst als ich mit dem Flieger auf der Heimreise war, spürte ich wie die ganze Last von mir fiel. Es spielten sich tausend Szenen in meinem Kopf ab. Wieder kamen mir Tränen. Diesmal waren es keine Tränen aufgrund von Zorn und Wut. Ich war glücklich. Ich fühlte mich erfüllt. Auf einen Schlag verlor ich all den Zorn gegen meinen Vater. Ich verstand plötzlich, was er mir mit seinen Aussagen sagen wollte. Er wollte mich nicht klein reden. Er wollte mir nicht zu verstehen geben, dass er nicht an mich glaubte. Er glaubte mehr an mich als alle anderen Menschen. Die negative Form der Motivation war genauer betrachtet eine positive Form. Ich hatte es einfach nur nicht verstanden. Als ich zu Hause war und ich meinen Vater das erste Mal wiedersah, sagte er zunächst nichts und umarmte mich einfach nur. Es war einer der emotionalsten Momente, die ich gemeinsam mit meinem Vater erlebt hatte. Er erklärte mir, dass er mir nie etwas Böses wollte. Er wollte mir seine Sichtweise erzählen und sich für sein Verhalten entschuldigen.

Ich sagte damals nur: „Papa du brauchst mir nichts erklären. Du brauchst dich auch nicht entschuldigen. DU warst der Grund, warum ich Weltmeister wurde. Papa, ich war uneinsichtig, ich war zornig und habe nichts verstanden. Nun verstehe ich alles."

Ich habe dir von meiner ersten Phase der Motivation erzählt. Anerkennung durch meinen Vater. Dies mischte sich mit dieser Phase. Du merkst, dass mein ganzes Leben eine Form der Motivation für mich war. Alle Faktoren spielten hier eine ausschlaggebende Rolle für meinen Erfolg.

Diese Form der Motivation zog sich über vieler meiner Lebensabschnitte. Als ich bei der Polizei vor die Wahl gestellt wurde, war dies eine ähnliche Situation wie in meiner Schulzeit oder die mit meinem Vater. Ich wollte meinen Vorgesetzten, einem Teil meiner Kollegen und all den anderen Menschen, die nicht an mich glaubten wieder beweisen, dass ich alles erreichen werde, was ich mir vorgenommen hatte.

Letztendlich beendete ich diese Phase, die einen Großteil meines Lebens andauerte durch das Verlassen der Polizei.

Ich hatte jedem bewiesen, dass ich alles schaffe, was ich mir vornehme. Ich musste keinem mehr was beweisen. Ich verspürte kein Verlangen mehr, es anderen beweisen zu müssen. Ich hatte es bereits getan.

Meine heutige Motivation trage ich schon mein ganzes Leben in mir. Diese sollte auch der Grundstein für jede Motivation sein. Das eigene Feuer, das ich am Anfang des Kapitels erwähnte.

Die Motivationsphasen, die ich dir von meiner eigenen Geschichte erzählt habe, haben mich so erfolgreich gemacht, wie ich heute bin. Doch all die Motivation, sei es aufgrund Anerkennung, weil man es anderen Menschen beweisen will oder aus irgendwelchen anderen Gründen, wird nicht funktionieren, wenn das eigene Feuer in dir fehlt. Du musst dir selbst bewusstwerden, was du erreichen wirst und das du es erreichen kannst. Der eigene Wille sollte immer deine größte Motivation sein. Sonst werden früher oder später alle anderen Formen der Motivation in sich zusammenbrechen. Hätte ich dieses Feuer nicht in mir gehabt, wäre ich durch die Ausgrenzung von meinen Mitschülern zusammengebrochen. Ich hätte es nicht geschafft, davon bin ich vollkommen überzeugt.

Eine weitere Motivation für mich ist es, der Welt etwas von mir geben zu wollen. Ich will andere Menschen dazu bringen, auch so erfüllt zu werden, wie ich es bin. Genau deswegen werde ich dir in dem nächsten Kapitel erzählen, wie wichtig es ist, anderen Menschen etwas Positives zu übermitteln.

3.2 Das Missverständnis der Motivation

Über kaum ein Thema wird so viel diskutiert und missverstanden wie über die Motivation. Im umgangssprachlichen Sinne bezieht man sich mit dem Begriff der Motivation meist auf die bewusste oder unbewusste emotionale Bewertung einer Tätigkeit. Bewertet unser Gehirn eine Tätigkeit als sinnvoll und wichtig (wie beispielsweise Essen und Trinken, Schlafen oder Sex), so haben gesunde Menschen in der Regel keine Schwierigkeiten, sich für diese zu motivieren. Tätigkeiten, in denen unser Gehirn hingegen keinen unmittelbaren Nutzen erkennen kann (Lernen, Training, Diät), wertet es grundsätzlich zunächst einmal als gefährliche Energieverschwendung, weshalb wir ein gewisses Maß an Willenskraft benötigen, um uns zu diesen Unternehmungen zu bewegen. Das Problem dieser animalischen Motivationsdynamik liegt darin, dass unser Gehirn oft nicht wirklich rational denkt, also den indirekten Nutzen einer Aktivität nicht oder nur gering in deren emotionale Bewertung mit einfließen lässt – vor allem dann, wenn wir persönlich vorher noch nie wirklich in den Genuss dieses späteren Nutzens einer Aktivität gekommen sind.

Wenn Menschen daher vor der Entscheidung stehen, eine bestimmte Tätigkeit in ihren Alltag zu integrieren, sollten sie sich basierend auf den ersten beiden Kapiteln dieses Buches zunächst in Ruhe überlegen, welchen direkten oder indirekten Nutzen sie sich von dieser erhoffen, wie wahrscheinlich dieses Ergebnis erreicht werden kann und welche Opfer hierfür erbracht werden müssen. Sobald ein Mensch erkannt hat, warum er eine solche Aktivität wirklich umsetzen will und sich den damit verbundenen momentanen und späteren Vorteilen, aber auch den momentanen und späteren „Schmerzen“, welche mit dieser Aktivität in Verbindung stehen, bewusst wird, ist er in der Lage, sich über bestimmte Mechanismen zu dieser Tätigkeit zu „motivieren“.

Die Macht der Gewohnheit

Ein sehr einfacher und weit verbreiteter Weg, eine bestimmte Tätigkeit umzusetzen, besteht darin, sich mit Hilfe seiner Willenskraft zu dieser zu zwingen. Leider ist unsere menschliche Willenskraft – vor allem gegenüber gewissen Überlebensinstinkten – überaus begrenzt, weshalb dieses Vorgehen zwar kurzzeitig hilft, jedoch meist mit Opfern in anderen Lebensbereichen verbunden ist. Dies führt dazu, dass diese Methodik nicht lange beibehalten werden kann. Während viele Menschen gerade im sportlichen Bereich leider auf diesem Level der Motivation stehen bleiben, wissen erfolgsorientierte Menschen wie beispielsweise Profisportler, wie sie sich die Macht der Gewohnheit zunutze machen können, um harte Trainingseinheiten und gesunde Ernährung erfolgreich in ihrem Alltag implementieren zu können. Sobald das menschliche Gehirn und der Körper eine Tätigkeit als sogenannte Gewohnheit erkennt – was Studien zu Folge meist nach 21 Tagen der Umsetzung der Fall ist – akzeptiert es diese fortan als Standard und ist bereit, die entsprechenden mentalen und körperlichen Ressourcen für diese zur Verfügung zu stellen, wodurch es uns keinerlei Willenskraft mehr kostet, dieser Tätigkeit nachzugehen. Wird eine Aktivität wie körperliches Training über Jahre hinweg täglich durchgeführt, so findet eine derart starke Gewohnheitsbildung statt, dass es den Betreffenden sogar Willenskraft kostet, dieser nicht nachzugehen. In der Wissenschaft wird dieses Phänomen mit dem physikalischen Begriff des Momentums beschrieben: Um einen schweren Gegenstand in Bewegung zu versetzen, benötigt man mehr Kraft, als man benötigt, um diesen in Bewegung zu halten. Ist der Gegenstand erst einmal in Bewegung, benötigt man sogar Kraft, um diesen abrupt zum Stehen zu bringen, weil jeder Gegenstand die physikalische Eigenschaft besitzt, seinen Zustand beizubehalten.

Identitätsbildung und sozialer Druck

Wirklicher Erfolg kann daher nie ohne eine Ausbildung erfolgsbringender Tätigkeiten (Training, Arbeit, Weiterbildung, gesundes Essen, Meditation, Austausch mit anderen) zu einem wirklichen Lifestyle erfolgen, denn das menschliche Leben repräsentiert mehr oder weniger perfekt die Gewohnheiten und den Lifestyle der betreffenden Person. So kann ein trainierter Körper zwar durchaus durch eine zeitweise Diät und schubweises Training erreicht werden, wird jedoch sobald die standardisierten Gewohnheiten der jeweiligen Person wieder einsetzen, relativ schnell wieder in seine alte Form gebracht. Zur Ausbildung dieses Lifestyles ist es unabdingbar, dass man seine tiefen Sehnsüchte, Ängste sowie Stärken und Schwächen sehr gut kennt und diese über seinen Lifestyle entsprechend auslebt. So hatte Michael schon in jungen Jahren den Wunsch „besser zu sein“ als andere und konnte diesem Wunsch durch heimliches und später nächtliches Training gerecht werden. Betrachtet man Michaels Alltag heute genauer, so erkennt man eine starke Priorisierung derjenigen Tätigkeiten, die am meisten zu seinem Erfolg beitragen. So reserviert er sich den Abend – als die Zeit seiner persönlichen körperlichen und mentalen Höchstform – für eine wichtige Trainingseinheit und nimmt seine Hauptmahlzeit meist direkt im Anschluss ein. Weiterhin verschwendet Michael keine Willenskraft für das Erreichen von eher untergeordnete Zielen: So steht bei ihm beispielsweise bei seiner Ernährung das Verhindern von sogenannten katabolen Zuständen und sein generelles Wohlbefinden über dem Ziel ein bestimmtes Körperfettniveau zu erreichen - weil dieses im Kampfsport eine untergeordnete Rolle spielt.

Ein weiterer Faktor, den Michael geschickt nutzt, um sich regelmäßig zu Bestleistungen zu motivieren, ist der sogenannte soziale Druck. Menschen verspüren allgemein nämlich ein starkes Bedürfnis, vor anderen Menschen als konsistent zu gelten und ihrem öffentlichen Bild gerecht zu werden. Durch das Abgeben von öffentlichen Statements über seine Zukunftspläne und dem Einladen aller seiner Freunde zu wichtigen Kämpfen, baut Michael die starke Motivationsquelle auf, den Erwartungen dieser Menschen gerecht zu werden. Ein auf diesem Prinzip des sozialen Drucks basierenden Motivationseffekt kann, neben öffentlichen Bekenntnissen zu einem bestimmten Ziel, auch das allgemeine soziale Umfeld sein: So fällt es Menschen in der Regel leichter ihre Grenzen vor den Augen von Trainingspartnern oder im Wettstreit mit diesen zu überschreiten und Menschen aus dem Trainingsumfeld neigen dazu, einem über den persönlichen Trainingsfortschritt ehrlich Feedback zu geben.

4 Anderen Menschen Wert geben

4.1 Die Macht der Kooperation

Wie du sicher festgestellt hast, habe ich bereits des Öfteren auf dieses Kapitel hingewiesen. Dies hat auch einen sehr wichtigen Grund.

Ich habe dir bereits erzählt, dass ich als Kind und Jugendlicher in der Schulzeit sehr ausgegrenzt wurde. Dies fing schon in der Grundschule an. Mich beeinflusste das charakterlich enorm. Im positiven, wie auch im negativen Sinne. Die positive Beeinflussung in Form von Motivation habe ich dir bereits erzählt. Nun möchte ich dir aber auch die negative Seite davon erzählen.

Da mich die anderen Mitschüler nicht ernst nahmen, mich auslachten und niemand mit mir befreundet sein wollte, fühlte ich mich zunächst sehr allein und war traurig. Dies wirkte sich massiv auf meinen Charakter aus. Ich war schon als kleines Kind kein einfaches Kind. Meine Mutter hatte es nicht einfach mit mir. Doch ich war stets fröhlich und energiegeladen.

Durch das Verhalten meiner Mitschüler mir gegenüber, wandelte sich meine Fröhlichkeit in Wut. Ich nutzte bei jeder noch so kleinen Möglichkeit meine körperliche Überlegenheit gegenüber den anderen aus. Es musste nur ein falsches Wort fallen und ich verprügelte denjenigen nach Strich und Faden, und das schon im Grundschulalter. Durch das Ausnutzen meiner Kampfsport-Erfahrung konnte ich mich „beweisen“. Dachte ich zumindest. Ich sehnte mich nach Aufmerksamkeit, die ich von meinen Mitschülern nie bekam. Durch körperliche Gewalt versuchte ich Aufmerksamkeit zu erlangen. Ich wollte mit Gewalt meine innerliche Einsamkeit kompensieren. Das war allerdings der komplett falsche Weg. Meine Noten wurden immer schlechter. Gespräche über mein Verhalten mit meinen Lehrern und den Schuldirektoren waren keine Seltenheit. Mehr als einmal war ich versetzungsgefährdet. Ich drohte bereits in der vierten Klasse von der Schule zu fliegen. Mit meinen Eltern und meinem Bruder stritt ich sehr oft, und das ohne jeglichen Grund.

Mein Verhalten damals war ein „Hilfeschrei". Ich sehnte mich so sehr nach Aufmerksamkeit. Ich wollte, dass die Leute über mich reden und mich nicht verachten. Ich wollte das Gefühl haben, auch etwas zu sein. Durch mein Verhalten bekam ich natürlich Aufmerksamkeit. Doch zu welchem Preis?

Ist es der richtige Weg, sich Respekt durch Angst der anderen Menschen zu verschaffen? Ist es vertretbar andere Leute zu verletzen, um das Selbstwertgefühl zu steigern? Ich glaube, du verstehst, was ich dir damit sagen will. Diese Form der Aufmerksamkeit sollte nicht die sein, nach der man strebt.

Es gab damals ein Schlüsselereignis in meinem Leben, das mein Verhalten schließlich komplett änderte. Ein Junge sagte zu mir in der großen Pause, dass ich ein Loser sei. Ich nahm Anlauf und traf ihn mit einem gesprungenen Kniestoß direkt in seine Magengrube. Der Junge musste sich übergeben, bekam keine Luft mehr und weinte. Er stand einfach nicht mehr auf und rang nach Luft. Ich war wie versteinert. Ich hatte so Angst, dass der Junge nie wieder aufstehen würde.

Im anschließenden Gespräch mit meiner damaligen Lehrerin sagte sie mir etwas, für das ich ihr mein ganzes Leben dankbar sein werde:

„Michael, ich verstehe dich nicht. Ist es dein Ziel, andere Menschen zu verletzen? Du betreibst Kampfsport, hast aber den Sinn davon in keinster Weise verstanden! Ich habe nicht viel Ahnung von Kampfsport, ich weiß nur, dass Respekt eine wesentliche Rolle darin spielt. Nicht nur im Kampfsport, sondern im ganzen Leben. Wieso nutzt du deine körperlichen Fähigkeiten nicht, um anderen Menschen zu helfen, anstatt sie zu verletzen?“

Wow, ich bekomme Gänsehaut, wenn ich diese Zeilen schreibe. Warum? Weil dieses Gespräch mich und meinen Charakter um 180 Grad gedreht hat. Sie hatte so unglaublich Recht mit dem, was sie sagte.

Respekt gegenüber anderen ist eine der wichtigsten Eigenschaften, die ein Mensch besitzen sollte. In allen Lebensbereichen. Ob auf geschäftlicher, freundschaftlicher oder Beziehungsebene. Jeder Mensch sollte respektiert werden. Ob Jung, ob alt, ob krank, ob gesund. Du wirst deine eigene Geschichte haben, wie alle anderen da draußen auch. Doch erst, wenn du deine eigene Geschichte akzeptiert hast, wirst du die der anderen akzeptieren. Respektieren kann nur der, der sich selbst respektiert. Verstehen kann nur der, der sich selbst versteht. Warum sollte man andere Menschen verurteilen für das, was sie sind? Wieso sollte man andere auslachen, obwohl man deren Geschichte nicht kennt?

In diesem Zusammenhang erzählte mir Markus eine Geschichte, die mich zum Nachdenken brachte. Vielleicht bringt sie dich auch zum Nachdenken.

Ein Junge saß in der U-Bahn. Ein Mann kam mit zwei Kindern an seiner Seite in die Bahn und setzte sich neben ihn. Die Kinder schreiten, machten nur Blödsinn und störten die anderen. Der Mann saß nur da und blickte in die Leere. Er schien sich nicht dafür zu interessieren, was seine Kinder taten. Der Junge stand auf und sagte zu dem Mann:

„Dass sie sich nicht schämen. Ihre Kinder schreien hier rum und belästigen die anderen Fahrgäste und sie interessieren sich nicht mal dafür!"

Der Mann antwortete daraufhin:

„Es tut mir leid, sie haben Recht. Es ist nicht in Ordnung, was die Kinder machen. Ich komme gerade aus dem Krankenhaus. Meine Frau ist heute verstorben. Ich glaube, die Kinder wissen einfach nicht, wie sie damit umgehen sollen, dass ihre Mutter nun nicht mehr da ist."

Diese Geschichte beschreibt genau das, was ich dir ein paar Zeilen zuvor erklärt hatte. Jeder Mensch hat seine eigene Geschichte. Der Junge wusste nicht, warum der Vater der Kinder nichts dagegen unternahm, dass sie Ärger machten. Er verhielt sich nicht respektvoll gegenüber dem Mann. Er verurteilte ihn für sein Verhalten, ohne zu wissen, was seine eigentliche Geschichte ist.

Alles, was man anderen Menschen gibt, wird man in irgendeiner Form vom Leben zurückbekommen. Ob gut oder schlecht liegt allein an deinem Verhalten. Warum erzähle ich dir das?

Durch mein aggressives Verhalten gegenüber meinen Mitschülern veränderte sich mein Charakter immer weiter in die negative Richtung. Ich bekam alles vom Leben zurück. In Form von schlechten Noten und Streit mit den Menschen, die ich liebe. Ich kam auf die falsche Bahn, klaute im Laden und wurde sogar von der Polizei nach Hause gebracht. Strafmündig war ich zwar noch nicht, dennoch hatte mein Verhalten meine Eltern sehr verletzt und enttäuscht.

Erst nach diesem einen Gespräch mit meiner damaligen Lehrerin erkannte ich, dass ich den Menschen helfen muss. Ich musste anfangen sie und ihr Verhalten zu respektieren. Vielleicht hatten sie ja ihre Gründe, warum sie mich auslachten und ausgrenzten. Vielleicht hatten sie selbst Angst, ausgegrenzt zu werden. Vielleicht wollten sie zu den „Coolen" gehören und nicht mit so einem wie mir abhängen, der keine Freunde hatte. Vielleicht aber hatten sie ihre eigenen Probleme in der Familie oder mit sich selbst, mit denen sie nicht klarkamen. Ich hatte angefangen, mich selbst zu akzeptieren und so konnte ich das Verhalten meiner Mitmenschen akzeptieren.

Ab diesem Tag nutzte ich meine Fähigkeiten, um anderen zu helfen. Ich trat nicht auf diejenigen, die auf den Boden lagen, sondern reichte ihnen die Hand. Ich wollte niemanden mehr verletzen, sondern andere beschützen.

Wenn ich sah, dass Schwächere von anderen gemobbt und geschlagen wurden, beschützte ich diese. Ich fing an, meine Mitmenschen zu verteidigen und wollte ihnen etwas von meinen Fähigkeiten geben. Ich wollte ihnen Schutz geben. Ab diesem Zeitpunkt fing alles an, sich schlagartig zu ändern. Ich verstand mich mit meinen Eltern, stritt nicht mehr so oft mit ihnen. Mit meinem Bruder spielte und trainierte ich wieder. Ich kam nie wieder in einen strafrechtlichen Konflikt mit der Polizei. In der Schule wurden meine Noten besser. Ich war ab der fünften Klasse Klassenbester und das durchgehend bis zu meinem Realschulabschluss. Es hatte nichts damit zu tun, dass ich nun intelligenter wurde. Ich war nie ein dummes Kind, das Lernprozesse nicht verstehen konnte. Mein negatives Verhalten wirkte sich einfach negativ auf mein ganzes Leben aus. Als ich als Mensch positiver wurde, wurde auch mein Leben positiver.

Ab diesem Zeitpunkt wollte ich anderen Menschen einfach etwas geben, ohne eine Gegenleistung dafür zu erwarten. Ich erwartete nicht, dass mich meine Mitschüler aufgrund meiner neuen positiven Verhaltensweise nun nicht mehr ausgrenzten. Das taten sie auch nicht. Sie fanden mich und meine Denkweise immer noch „komisch“. Doch es war mir egal. Ich verspürte keinen Zorn mehr. Ich verspürte nicht mehr, nach Aufmerksamkeit „schreien“ zu wollen.

Ich wusste, dass ich es irgendwann, irgendwie vom Leben zurückbekommen würde. Und ich bekam es zurück. Jeder kleinste Erfolg hatte damit zu tun, dass ich der Welt zuvor etwas Positives gegeben hatte. Diese Denkweise besitze ich nun seit der fünften Klasse. Von da an habe ich immer danach gestrebt, anderen Menschen etwas von mir zu geben. Ich respektierte die anderen Menschen und wollte sie dazu bringen, sich selbst zu respektieren.

Ich bin fest davon überzeugt, dass jeder erfolgreiche Mensch, ob Unternehmer, ob Künstler oder Sportler, nur so erfolgreich ist, weil sie anderen Menschen etwas von sich gegeben haben. Sei es positive Energie, sei es, dass sie andere Menschen motivierten und inspirierten.

Alle erfolgreichen Menschen, die nur an sich selbst denken oder Gegenleistungen für ihr Verhalten erwarten, werden irgendwann nicht mehr erfolgreich sein, wenn sie nicht anfangen, anderen Menschen etwas Positives zu geben, ohne etwas dafür zu erwarten. Ansonsten werden sie es eines Tages in irgendeiner Form vom Leben zurückbekommen.

Dazu möchte ich dir eine Geschichte erzählen, die mich sehr inspiriert hat.

Zwei Männer, beide schwer krank, lagen in einem gemeinsamen Krankenzimmer.

Der eine durfte sich jeden Tag in seinem Bett eine Stunde lang aufsetzen, um die Flüssigkeit aus seiner Lunge zu entleeren. Sein Bett stand direkt am Fenster. Der andere Mann musste den ganzen Tag flach auf seinem Rücken liegen.

Die Männer redeten Stunden lang, ohne Ende. Sie sprachen über ihre Frauen, ihre Familien, ihre Berufe, was sie während des Militärdienstes gemacht hatten und wo sie in ihren Ferien waren.

Jeden Nachmittag, wenn der Mann in dem Bett beim Fenster sich aufsetzen durfte, verbrachte er seine Zeit, indem er seinem Zimmerkameraden alle Dinge beschrieb, die er außerhalb des Fensters sehen konnte.

Der Mann in dem anderen Bett begann geradezu, für diese Ein-Stunden-Intervalle zu leben, in denen seine Welt erweitert und belebt wurde durch Vorgänge und Farben der Welt da draußen!

Das Fenster überblickte einen Park mit einem reizvollen See. Enten und Schwäne spielten auf dem Wasser und Kinder ließen ihre Modellboote segeln. Junge Verliebte spazierten Arm in Arm zwischen den Blumen aller Farben und kleine Berge waren in der Ferne zu sehen. Als der Mann am Fenster all diese Dinge in wunderbaren Einzelheiten schilderte, schloss der Mann auf der anderen Seite des Zimmers seine Augen und stellte sich das malerische Bild vor.

An einem warmen Nachmittag beschrieb der Mann am Fenster eine Parade einer Blaskapelle, die gerade vorbeimarschierte. Obwohl der andere Mann die Kapelle nicht hören konnte, konnte er sie dennoch bildlich sehen und zwar mit seinem geistigen Auge, da der Mann am Fenster sie mit solch eindrucksvollen Worten beschrieb.

Tage und Wochen vergingen. Eines Morgens, als die Schwester gerade kam, um die beiden Männer zu waschen, fand sie den Mann am Fenster leblos vor, er war friedlich im Schlaf gestorben. Sie war traurig und holte den Spitalsdiener, damit er den Toten wegbringen würde.

Sobald es passend erschien, fragte der andere Mann, ob er jetzt in das Bett am Fenster wechseln könnte. Die Schwester erlaubte das gerne und sobald er bequem zu liegen schien, ließ sie ihn allein. Langsam und schmerzvoll stützte er sich mühevoll auf seinen Ellbogen, um einen ersten Blick auf die Welt da draußen zu werfen. Er strengte sich an und drehte sich zur Seite, um aus dem Fenster neben dem Bett zu sehen.

Gegenüber dem Fenster war eine Wand.

Der Mann rief die Schwester und fragte sie, was seinen Zimmerkameraden dazu bewegt haben könnte, so wunderbare Dinge außerhalb des Fensters zu beschreiben?

Die Schwester antwortete, dass der Mann blind war und nicht einmal die Wand gegenüber sehen konnte. Sie sagte:

"Vielleicht wollte er sie einfach glücklich machen."

Leider ist der Verfasser dieser Geschichte unbekannt. So würde ich ihm einfach Danke sagen. Mich hat diese Geschichte daran erinnerst, dass man seine Mitmenschen glücklich machen sollte, ohne etwas dafür zu verlangen. Dem blinden Mann ging es vermutlich noch schlechter als seinem Zimmerkameraden. Dennoch hat er so gefühlvoll und detailliert die Außenwelt beschrieben, nur damit er einen anderen Menschen glücklich machen kann. Er hat sich und seine eigene Geschichte akzeptiert. Er hatte akzeptiert, dass er blind war und todkrank. Doch anstatt in Selbstmitleid zu verfließen und um sich herum ein negatives Feld aufzubauen, hat er genau das Gegenteil getan. Ich bin mir auch ziemlich sicher, dass es ihm selbst sehr geholfen hat, seinem Zimmerkameraden die Außenwelt zu beschreiben. Er konnte sich nun so eine Welt vorstellen, die für ihn eigentlich unerreichbar schien. Du fragst dich vermutlich, was der blinde Mann vom Leben zurückbekommen hat, er ist ja letztendlich gestorben. Ich denke, dass dies seine Erlösung war. Ich denke, er hat jeden Tag sehr gelitten. Das Leben hat ihn von seinem Leiden erlöst und friedlich im Schlaf sterben lassen.

Wenn jeder Mensch so denken würde, wie der blinde Mann, dann gäbe es keine Kriege mehr auf der Welt. Die

Menschen würden sich nicht versuchen gegenseitig zu verletzen, um Profit daraus zu schlagen. Jeder würde Jedem helfen, um das bestmöglichste Resultat erzielen zu können. Stell dir nur mal vor, du bist schlecht in Mathematik, hast aber voll den Durchblick in Englisch. Einem Mitschüler geht es ähnlich, doch er ist ein Genie in Mathe, kann aber nichts mit Englisch anfangen.

Was wäre in diesem Fall die beste Lösung? Es gibt zwei Möglichkeiten. Die erste Möglichkeit: Ihr schreibt ein Englischtest, in welchem du sehr gut abschneiden wirst und dein Mitschüler versagt. Du lachst ihn aus, und fühlst dich ihm übergeordnet, weil du in diesem Bereich einfach der Beste bist. Nun schreibt ihr eine Mathearbeit und jetzt geht es dir wie deinem Mitschüler beim Englischtest. Du wirst ausgelacht und fühlst dich gedemütigt.

Ziehen wir nun mal die zweite Möglichkeit in Betracht: Du hilfst ihm, Englisch besser zu verstehen und er zeigt dir Lösungswege für Mathematik auf. Ihr fühlt euch beide glücklich, weil ihr dem anderen etwas geben konntet und zieht nur Vorteile daraus. Niemand wird mehr ausgelacht und man arbeitet zusammen. Deine Noten in Mathe werden besser sowie die deines Mitschülers in Englisch.

Ich glaube du erkennst, welches der bessere Weg ist.

Und genauso ist es mit dem blinden Mann und seinem Zimmerkameraden. Wenn du dir nur ein kleines Stück von der Verhaltensweise des blinden Mannes übernehmen kannst und in dein eigenes Leben integrierst, dann wirst zu schnell feststellen, dass du dies vom Leben zurückbekommst. Dein Weg wird sich verändern sowie sich dein Leben verändern wird. Denke hier nur nochmal an meine

Geschichte. Ich hatte angefangen, anderen zu helfen und nun drehte sich mein Leben komplett in ein positives Umfeld, was sich auf meine Noten, meine Eltern und meinen Erfolg im Leben übertragen hat.

Gib anderen Menschen etwas und du wirst merken, es wird dich verändern und in jeder Hinsicht erfolgreich machen.

Aus diesem Grund habe ich angefangen, meinen Mitmenschen Trainings anzubieten. Ich habe angefangen, Seminare zu geben und Vorträge über Motivation, Persönlichkeitsentwicklung und Erfolg zu halten. Ich möchte den Menschen etwas geben, sie auf den richtigen Weg führen. Ich will, dass sie das erreichen, was sie schon immer wollten. Viele Menschen haben Träume und Ziele, manchmal fehlt nur der eine richtige Satz, der dann dazu führen kann, dass man sich komplett verändert und weiterentwickelt und so seinem Ziel ein Stück näherkommt – im meinem Fall war es der Satz meiner Lehrerin, der mich wachgerüttelt hatte.

Zusätzlich arbeite ich ehrenamtlich mit Kindern und Jugendlichen zusammen, um sie auf den richtigen Weg zu lenken. Sie hören mir zu, weil ich ihnen nicht das Gefühl gebe, über ihnen zu stehen. Sie können sich mit mir identifizieren, weil ich früher selbst kein Musterschüler war, wie du bereits weißt.

Im Jahr 2015 habe ich „Team-Smolik“ gegründet, um anderen Menschen zu zeigen, was in ihnen steckt. Ich helfe ihnen, das innere Potential, das meiner Meinung in jedem steckt, zu entfachen. Dieser Name wurde mit Bedacht gewählt, denn meiner Meinung nach sind wir alle ein Team und gehören zusammen. Wir sollten uns gegenseitig helfen und nicht schaden.

Menschen etwas von mir zu geben hat mir eine völlig neue Welt eröffnet und ich bin mir sicher, es wird auch eine neue Welt für dich eröffnen.

4.2 Die drei Phasen der Persönlichkeitsentwicklung

Wie bereits mehrfach in diesem Buch angedeutet, umfasst die Persönlichkeitsentwicklung – welche sehr eng mit dem Streben nach Erfolg verbunden ist – zunächst eine Phase der Selbstfindung, also dem Erkennen und Akzeptieren der eigenen Träume und Ängste, den individuellen Stärken und Schwächen sowie die Ausbildung der Fähigkeit, eigene Emotionen zu erkennen und steuern zu können. Aus dieser Analyse heraus kann dann eine Ausbildung persönlicher Werte und Prinzipien erfolgen, welche einen den persönlichen Lebensträumen näherbringen sollen. Ein solcher Prozess führt die betreffende Person in der Regel von einem Stadium der Abhängigkeit – von beispielsweise der Meinung, Zuwendung oder der emotionalen Stabilisierung durch andere Menschen – zu einem Stadium der persönlichen Unabhängigkeit. Unabhängige Menschen haben nicht nur ihre Mission im Leben erkannt und wissen um ihre Fähigkeit, ihre Träume unabhängig von sozialem Zuspruch verwirklichen zu können. Sie haben sich außerdem bereits ein entsprechendes Lebensumfeld sowie einen entsprechenden Lebensstil aufgebaut, der diese Unabhängigkeit widerspiegelt. Sie streben nicht mehr nach der Erfüllung durch eine andere Person, hoffen auf die eine spezielle Chance im Leben oder erwarten von anderen, ihren Träumen näher gebracht zu werden.

Dieses zweite Stadium der Persönlichkeitsentwicklung ist dem ersten Stadium der totalen psychischen und emotionalen Abhängigkeit deutlich überlegen, ist jedoch noch nicht das höchste zu erreichende Niveau der individuellen Entwicklung eines Menschen.

Während sich das Streben nach Unabhängigkeit nämlich auf die Fähigkeit begrenzt, die eigenen Emotionen, Gedanken und somit die eigene Produktivität steuern zu können, verlangt wahrer durchschlagender Erfolg unabhängig in welchem Bereich immer die Mitwirkung anderer Menschen. Wirklich effiziente und nachhaltige menschliche Kooperation – welche, um es nochmals zu verdeutlichen, ab einem gewissen Level an persönlichem und beruflichem Erfolg unabdingbar ist – verlangt nach dem soziologischen Konstrukt der sogenannten Interdependenz. Interdependenz bedeutet, dass mindestens zwei oder mehrere unabhängige Personen erkennen, dass die gemeinsame Kooperation in einem bestimmten Lebensbereich von enormem Vorteil für alle Beteiligten ist, so dass diese sich uneingeschränkt unterstützen. Diese wechselseitige Abhängigkeit besitzt die mächtige Eigendynamik, dass beide Menschen darauf vertrauen können, dass die andere Person erkannt hat, dass sich ihr persönlicher Fortschritt und Output aus der interdependenten Beziehung proportional zu ihrem Beitrag zur Beziehung und dem Erfolg des jeweils anderen verhält. Einfacher gesagt erkennen beide Menschen, dass sie zusammen mehr erreichen können. Ähnlich wie bei erfolgreichen Unternehmenszusammenschlüssen besteht der besondere Reiz der interdependenten Kooperation darin, dass der Arbeitsertrag aller Beteiligten aus der Zusammenarbeit nicht nur aus der Summe der jeweiligen Einzelbeiträge besteht, sondern durch gewisse Synergieeffekte einem Multiplikator-Effekt unterworfen wird. Diese interdependente Zusammenarbeit zwischen Menschen ist selbstverständlich nicht nur im geschäftlichen, sondern auch im privaten und sportlichen Umfeld realisierbar und kann sich prinzipiell auf beliebig viele Beteiligte ausweiten. Es muss jedoch auch gesagt werden, dass bisher leider nur sehr wenige Menschen die persönliche Reife entwickeln und erhalten können dauerhaft interdependente Beziehungen in allen Lebensbereichen führen zu können.

Die beschriebene Fertigkeit des sozialen Erfolges umfasst also mehrere, aufeinander aufbauende Voraussetzungen, führt jedoch im Ergebnis zu unglaublichen Erfolgen. Hat eine Person durch tägliche Selbstreflexion erst einmal das Stadium der persönlichen Unabhängigkeit erreicht, so besteht eine ihrer Hauptaufgaben zukünftig in der Erhaltung und Weiterentwicklung dieser Unabhängigkeit. Der nächste Schritt hin zu wechselseitig gewinnbringenden Beziehungen – übrigens nicht nur auf geschäftlicher, sondern auch sozialer, spiritueller und sexueller Ebene – ist die Erkenntnis der Tatsache, dass der wohlwollende Einsatz und die umfassende Weitergabe der eigenen Fähigkeiten für andere Menschen einen unglaublichen Rückfluss bieten. An diesem Punkt sollte schließlich klarwerden, weshalb nur unabhängige und niemals abhängige Menschen interdependente Beziehungen zu anderen Menschen eingehen können. Interdependenz verlangt zunächst einmal danach, anderen Menschen emotional, wirtschaftlich oder persönlich etwas geben zu können – ohne die konkrete Erwartung einer Gegenseitigkeit. Abhängige Menschen sind so sehr in ihren eigenen Unsicherheiten und Minderwertigkeitskomplexen, ihrem Mangeldenken und ihren Ängsten gefangen, dass sie niemals verstehen können, warum man anderen Menschen ohne die Erwartung einer Gegenleistung irgendetwas zukommen lassen sollte. Unabhängige Menschen oder Menschen mit entsprechender Erfahrung in interdependenten Beziehungen wissen um ihren unglaublichen Wert und vertrauen stillschweigend darauf, dass nicht eine konkrete Person, sondern die Dynamik des menschlichen Zusammenlebens ihnen früher oder später wiederrum Wert zukommen lassen wird, wenn sie anderen Menschen etwas geben.

Nichts ist teurer als das, was es umsonst gibt.

Wer die Macht des Gebens an andere Menschen einmal erkannt und erfahren hat wird – seine eigene persönliche Weiterentwicklung vorausgesetzt – nie wieder zu einer anderen Beziehungsform zurückkehren wollen. Dies liegt an der Tatsache, dass wenige Dinge wirklich erfüllender sind, als anderen Menschen in Übereinstimmung mit den persönlichen Werten und Prinzipien etwas zu geben und dadurch ein immer wertvollerer Mensch werden zu können. Während man danach streben sollte, anderen Menschen auf allen denkbaren Ebenen so viel Wert wie möglich zukommen zu lassen – also emotional, wirtschaftlich und intellektuell – wird man die Erfahrung machen, dass dieser Wert früher oder später zwangsweise auf derselben oder einer anderen Ebene multipliziert zurückkommt. Dieses Prinzip des Zusammenlebens verlangt natürlich danach, den ersten Schritt zu tun, anderen Vertrauen zu schenken und sich selber verwundbar machen. Dies führt dabei aber zu einer exponentiellen Steigerung des persönlichen Werts, sobald andere Menschen die eigene Integrität und die persönliche Philosophie des Zusammenarbeitens erst einmal erkannt haben. Diese Steigerung des persönlichen Wertes mag etwas philosophisch klingen, bewirkt aber im Endeffekt das, wonach alle Menschen streben: Wertvolle Menschen ziehen unweigerlich wirtschaftlichen Erfolg an, sind im sozialen Umfeld und beim anderen Geschlecht äußerst beliebt und die Öffentlichkeit interessiert sich mehr und mehr an ihrem Leben.

Michael versteht es schon seit den früheren Anfängen seiner Amateurkarriere, andere Menschen an seinem Erfolg teilhaben zu lassen und damit seine eigene Karriere voranzutreiben. Durch seinen Eifer sein Wissen und seine Kampfkunst weitergeben zu können, fehlt es ihm bis heute nie an Trainingspartnern und Leuten die anderweitig bereit sind, seine Profikarriere zu unterstützen, wie etwa Sponsoren. Besonderen Durchbruch erreichten seine Bemühungen durch die Gründung und den Aufbau seines Coaching Unternehmens Team Smolik. Hier schaffte er es erstmals, professionelles Kampfsporttraining und -coaching für eine breitere Ebene von Interessierten verfügbar und bezahlbar zu machen. Während seine Einzeltrainingseinheiten zunächst als Spezialtraining für besonders ambitionierte Kampfsportler strukturiert waren, erhielt sein Training in kürzester Zeit dermaßen viel Zuspruch, dass er erweiterte Dienstleistungen im Bereich des Fitness- und des mentalen Trainings anbot. Durch die Einbindung seiner engsten Trainingspartner, schaffte er es weiterhin, sein Coachingangebot entsprechend zu skalieren und fortan auch größere Seminare in ganz Europa anbieten zu können. Hierbei schaffte Michael es meisterhaft, eine so genannte Win-Win-Situation entstehen zu lassen – die Grundlage einer interdependenten Beziehung – durch welche seine besten

Trainingspartner und sogar Klienten zu Geschäftspartnern wurden.

5 Das persönliche Umfeld

5.1 Die Bedeutung des richtigen Umfelds

Der Weg zu meinem Erfolg war lang, er dauerte eigentlich mein ganzes bisheriges Leben an. Ich bin allerdings noch längst nicht am Ende angelangt. Auf meinen Weg habe ich viele verschiedene Menschen kennengelernt und ich bin mir sicher, dass ich noch einige kennenlernen werde. Es gab darunter Leute, die mir den Rücken stärkten und mich immer wieder unterstützten sowie Leute, die mir nur das Schlechteste wünschten. Ich fange mal mit den Leuten an, die mir immer und immer wieder versuchten, Steine in den Weg zu legen. Ich habe dir die Geschichte meiner Kindheit erzählt und auch die der Polizei. Dir wird sicher aufgefallen sein, dass es einige gab, die nicht wollten, dass ich da bin, wo ich jetzt bin. Ich bin mir auch sicher, dass es in deinem Leben Menschen geben wird, die dir nicht gönnen werden, dass du was erreichst. Sie werden dein Vorhaben und deine Bemühungen, an die Spitze zu kommen, schlecht reden. Diese Menschen haben in der Regel ein Problem mit sich selbst. Sie erreichen selbst nicht ihre Ziele und sind unzufrieden mit ihrem Leben. Sie wissen nicht, was sie mit sich anfangen sollen. Sie haben Angst, dass du was Besseres als sie werden könntest. Sie haben Angst, ihren Status zu verlieren. Sie versuchen dich schlecht zu reden, mit dem Ziel, dass du auf dem Level bleibst, auf dem du gerade bist, damit du sie niemals „überholen" kannst. Du kannst zwar nicht beeinflussen, wie sich Menschen dir gegenüber verhalten werden, dass sollst du auch nicht, aber du allein kannst entscheiden, was du aus der Situation machst. Ich habe mich durch das Verhalten meiner damaligen Mitschüler zunächst auch negativ beeinflussen lassen, wie du weißt. Doch ich habe aufgehört, mich davon runterziehen zu lassen. Ich habe versucht, mich nur auf die positiven Dinge des Lebens zu konzentrieren. Anderen Menschen was zu geben, meine Ziele zu verfolgen und mich an die Leute zu halten, die mich positiv beeinflussen.

Eins kannst du mir glauben, du wirst es niemals allen Leuten recht machen können. Es wird immer Leute geben, die was an dir auszusetzen haben. Wenn du dich zu sehr damit beschäftigst, es allen Leuten Recht zu machen, dann verschwendest du wichtige Energie. Energie, die du dafür benutzen könntest, dein Ziel zu erreichen. Vielleicht denkst du dir manchmal, dass andere Recht haben könnten mit dem, was sie über dich sagen. Vielleicht denkst du dir: „Es ist berechtigt, was sie sagen, denn genau dieser Punkt, den sie kritisiert haben, ist eben meine Schwäche."

Jeder Mensch hat Stärken und Schwächen. Das ist auch völlig in Ordnung. Kein Mensch ist perfekt – wäre das so, würde es keine Kriege und keine Verbrechen mehr geben. Wenn dir jemand klarmachen will, dass er perfekt ist, dann wirst du schnell feststellen, dass dies nicht der Fall ist. Vielleicht hat er dies gesagt, um dich zu beeindrucken. Vielleicht wollte er dich damit aber nur blenden, damit seine wahre Persönlichkeit nicht zum Vorschein kommt. Solche Menschen sind meist negativer als die, die ihre Schwächen erkennen und zugeben. Ein wichtiger Schritt zum Erfolg ist, dass du erkennst, was deine Schwächen sind. Ist dir das bewusst, gehörst du zu den wenigen Menschen, die sich selbst akzeptiert haben. So kannst du nun daran arbeiten, um besser zu werden.

Ich stelle dir nun eine Aufgabe. Schreibe drei Stärken und drei Schwächen von dir auf. Versuche es so gewissenhaft wie nur möglich aufzuschreiben, ohne lang nachzudenken.

Lass mich raten, du hast mit deinen Schwächen angefangen? Dies kann ein Zufall sein, oder es liegt daran, dass dich deine Schwächen zu sehr beschäftigen. Dies ist zumindest bei den meisten Menschen, die ich in meinen Seminaren kennengelernt habe, der Fall. Solltest du mit deinen Stärken angefangen haben, dann kann dies natürlich wieder Zufall sein, oder aber du hast dein Unterbewusstsein schon so verankert, dass du dich viel mehr auf deine Stärken konzentrierst. Genau das ist der richtige Weg! Egal, mit was du angefangen hast, egal zu welcher Seite dein Unterbewusstsein tendiert, du kannst immer an dir arbeiten.

Schau dir nun mal deine Schwächen an. Du wirst feststellen, dass nichts dabei ist, das einen Weltuntergang bedeutet. Jede Schwäche, ausnahmslos, kann zu einer Stärke werden, aber auch umgekehrt! Du kannst an jeder Schwäche arbeiten. Manche Schwächen werden dich dein Leben lang begleiten. Das ist auch in Ordnung so, sie gehören zu dir, du bist ein Mensch und darfst Fehler haben. Allerdings solltest du deine Schwächen kennen, um daran arbeiten zu können. Du solltest sie akzeptieren, um sie verbessern zu können. Jede Schwäche hat einen Gegenpol zur Stärke und umgekehrt. Eine Stärke von mir ist zum Beispiel Ehrgeiz. Ich will immer mehr erreichen, immer besser werden und strebe danach, in dem, was ich mache, der Beste zu sein. Die negative Seite dieser Stärke ist aber Ungeduld. Manchmal will ich es zu schnell. Ich will zu schnell vorankommen und übersehe wichtige Zeichen des Lebens. Dann wirft es mich wieder zurück und ich muss wieder neue Kraft schöpfen. Doch da ich diese Schwäche kenne, versuche ich daran zu arbeiten. Ich versuche den Moment zu genießen, den Prozess zu lieben und nicht schon ewig in die Zukunft zu blicken, da dort ja erst ein größerer Erfolg warten könnte. Dann entwickelt sich alles von ganz alleine. Mehr dazu werde ich dir im siebten Kapitel erzählen.

Als ich mit dem Kickboxen angefangen habe, war eine große Schwäche von mir das Boxen. Ich habe 15 Jahre Taekwondo trainiert und war daher immer enorm stark mit den Beinen. Boxen ist mir allerdings immer schwergefallen. Wenn man jahrelang die Deckung unten hält, weil man sich in Form von Beweglichkeit verteidigt (was der Taekwondo-Stil erfordert), dann fällt es einem enorm schwer, die Hände oben zu halten. Ich habe die ersten zwei Jahre alle Turniere im Kickboxen nur durch meine Kicks gewonnen. Die Leute fingen an zu reden. Es kamen Sprüche wie: „Der Smolik, der kann ja überhaupt nicht boxen."

Ab jetzt wirst du vielleicht erkennen, warum ich in diesem Kapitel über Stärken und Schwächen rede. Denn hätte ich mich auf dieses negative Umfeld bzw. auf das Gerede der Menschen konzentriert und eingelassen, dann hätte ich meine Kämpfe sicher nicht mehr gewonnen. Warum sollte ich meinen Stil ändern, wenn ich damit Erfolg habe? Sollte ich nun während des Kämpfens anfangen zu boxen, um es den Leuten recht zu machen und weil diese es von mir erwarten? Sollte ich meine Kämpfe nun verlieren, weil ich mich nun nur auf meine Schwäche konzentriere? Du wirst mit Sicherheit feststellen, dass dies eine unlogische Reaktion wäre. Im Fußball sagt man „never change a winning team". Ich hatte mit meinen Kicks Erfolg, deswegen habe ich damit weitergemacht. Nun darfst du dies nicht falsch verstehen.

Ich habe mich parallel auf meine Schwäche, das Boxen, konzentriert. Ich habe meine Stärken ausgenutzt und an meinen Schwächen gearbeitet. So konnte ich mich von Jahr zu Jahr boxerisch steigern. Mittlerweile kann ich ohne Probleme im Profibereich auch boxerisch mithalten.

Genauso solltest du es auch tun. Konzentrier dich auf deine Stärken. Bist du erfolgreich, dann mach weiter. Lass deine Schwächen aber nicht aus den Augen, kompensiere es mit deinen Stärken. Arbeite daran, um irgendwann noch besser in dem zu werden, was du tust.

Höre dabei nicht auf die Leute, die dich negativ beeinflussen wollen. Lasse dir nichts von solchen Leuten sagen. Versuche dich aus diesem negativen Umfeld zu lösen und dich nur noch mit Leuten zu befassen, die dir guttun und die dir gutes wollen.

Natürlich gibt es auch Menschen in deinem Leben, die versuchen, dir etwas auszureden – nicht, weil sie dir etwas Böses wollen, sondern weil sie Angst um dich haben. Meistens sind es Menschen, die dich liebhaben. Deine Familie oder vielleicht auch Freunde. In den meisten Fällen ist es so, dass die Eltern hinter ihrem Kind stehen und daran glauben, was es erreichen will. Das wird vielleicht auch bei dir der Fall sein. Trotzdem werden sie versuchen, dir deine Träume kleinzureden. Nicht, weil sie es dir nicht gönnen, sondern weil sie tief im Inneren glauben, dass du es vielleicht doch nicht schaffen könntest und letztendlich auf die falsche Bahn gerätst.

Meine Mutter hatte anfänglich auch kein gutes Gefühl, als ich bei der Polizei gekündigt hatte. Sie hat mich oft gefragt, ob ich es mir nicht mehr vorstellen könne, zur Polizei zurück zu gehen. Es sei ja ein sicherer Job und ich müsse ja auch eine meine Rente denken. In diesem Fall musste ich nur den Kopf schütteln. Ich weiß, dass, wenn ich 100 % bei dem gebe, was ich tue, mir keine Gedanken über meine Rente machen muss. Wieso sollte ich überhaupt in die Rente? Wenn ich das tue, was ich liebe, dann muss ich niemals in Rente gehen. Natürlich kann man nicht bis zum Rentenalter kämpfen, aber es gibt unzählige Wege, um in derselben Richtung weiterzumachen. Sei es medial, als Schauspieler, als TV-Experte im Kampfsport oder auch als Trainer oder Motivationsredner. Ich kann so viele Dinge tun, die ich liebe. Meine Mutter erkannte letztendlich, dass ich glücklich war, bei dem was ich tat. Sie sah, dass ich alles selbst in den Griff bekam. Nun fing sie an, ihre letzten inneren Zweifel abzulegen und hundertprozentig an mich zu glauben. Sie hatte die Angst verloren, dass ich es vielleicht nicht schaffen könne. Warum? Weil ich ihr gezeigt habe, dass ich es um jeden Preis schaffen werde.

Meine Eltern und mein Bruder sowie meine besten Freunde sind meine größten Fans. In diesem Sinne komme ich zu einem Punkt, der der wichtigste in diesem Kapitel ist. Schaffe dir ein positives Umfeld. Löse dich von allen schlechten Einflüssen und halte dich an die Leute, die an dich glauben.

Ich habe nicht viele Freunde. Und zu Freunden zähle ich nicht flüchtige Bekanntschaften oder ähnliches. Wenn ich von Freunden spreche, dann spreche ich von Menschen, bei denen ich weiß, dass sie ihr letztes Hemd für mich geben würden, egal in welcher Lebenssituation. Ich weiß, dass ich mich blind auf sie verlassen kann und dass sie jeder Zeit hinter mir stehen. Genauso loyal verhalte ich mich gegenüber meinen Freunden oder meiner Familie natürlich auch. Gib anderen etwas und werde selbst glücklich und erfolgreich – das kennen wir ja bereits und dies gilt besonders auch bei den Menschen, die dir selbst guttun.

Dein positives Umfeld, und damit meine ich die Menschen in deiner Umgebung, müssen nicht zwingend genau das tun, was du auch tust. Sie müssen sich auch nicht in deiner Branche auskennen. Wichtig ist, dass sie an dich glauben und dass sie hinter dir stehen. Ohne Zweifel, ohne Schlechtreden. Sie akzeptieren deine Entscheidungen und weisen dich daraufhin, wenn sie das Gefühl haben, dass du vermutlich einen falschen Weg einschlagen könntest oder dich in Gefahr begibst. Sie reden offen und ehrlich mit dir, ohne sich respektlos gegenüber deiner Person und deinem Tatentrang zu verhalten. Sie sollten dir guttun, dich glücklich machen, wenn sie in deiner Nähe sind. Das können sowohl weibliche, als auch männliche Freunde sein, das spielt überhaupt keine Rolle. Wichtig ist nur, dass dein Umfeld dich positiv stimmt, sowie du sie positiv stimmst.

Mein Bruder Sebastian und zwei meiner besten Freunde, Karsten und Denis, haben zum Beispiel nicht viel mit meiner Branche zu tun. Mein Bruder war zwar damals Kampfsportler, interessiert sich auch noch dafür, aber betreibt es selbst nicht mehr aktiv. Die Einstellung der drei Jungs ist eine andere als ich sie habe. Sie sind mir in vielen Sachen verschieden. Dies ist aber keinesfalls ein K.O.-Kriterium, um sie aus meinem Umfeld auszufiltern. Obwohl sie eine andere Einstellung als ich haben, obwohl sie vielleicht nicht exakt dieselben Interessen haben, sind sie trotzdem Menschen in meinem Leben, die mir guttun. Es sind Menschen, die ich liebe und die mich lieben. Ich fühle mich glücklich und wohl, wenn ich mich mit ihnen umgebe. Ich vergesse alles Negative. Ich spüre, wie sie vollkommen hinter mir stehen, so wie ich hinter ihnen stehe. Damit meine ich auch meine Eltern.

Auch wenn man sich nicht oft sieht, heißt es nicht, dass diese Menschen zu einem negativen Umfeld werden. Ich sehe die drei Jungs teilweise wochenlang nicht. Wenn wir uns sehen, ist alles beim Alten. Keiner hat sich in irgendeiner Form negativ verändert. Im Gegenteil, mir fallen immer wieder positive Veränderungen dieser Menschen auf und ich merke, wie ich dann noch glücklicher werde und sie mir guttun.

Es gibt allerdings noch eine andere Art von Mensch, die einen positiv beeinflussen und sogar zu einem besseren Menschen machen können. Menschen, die eine ähnliche Grundeinstellung haben, wie du sie selbst hast. Du hast Ziele und Träume sowie dieser Mensch Ziele und Träume hat und genauso wie du bereit bist, alles dafür zu geben, ist auch er bereit. Wenn dann noch gleiche Interessen aufeinandertreffen, entsteht eine unglaubliche Energie. Ich habe zwei Freunde, auf die das zutrifft. Bei dem ersten handelt es sich um Philipp. Ich lernte ihn auf der Amateur-Weltmeisterschaft kennen. Auch wenn er 300 km weit von mir wohnt, beeinflusst er mich immer und immer wieder im positiven Sinne. Seine Art zu leben, inspiriert mich. Auch ihn sehe ich nicht oft, doch wenn es ihm schlecht geht, bin ich immer da und umgekehrt. Wenn wir uns sehen, dann ist das so, als hätten wir uns erst gestern das letzte Mal gesehen und nicht vor vier Monaten. Wir liefern uns ständig gegenseitig positiven Input.

Positiven Input und Inspiration finde ich auch durch einen Menschen, der mein Leben veränderte. An dieser Stelle muss ich meinen besten Freund, Geschäftspartner, Mentor und Trainingspartner Markus, Mitautor dieses Buches, erwähnen. Er hat einen wesentlichen Teil dazu beigetragen, dass ich so erfolgreich bin, wie ich bin.

Wir lernten uns in meinem Kickbox-Gym „Dukes Gym" in Ellwangen kennen. Wir kämpften das allererste Mal in einem Sparringskampf gegeneinander. Er erwischte mich damals mit einem High Kick zum Kopf. Das hatten bislang nicht sehr viele geschafft. Ich war keinesfalls wütend auf ihn, ließ mich nicht von meinen Emotionen leiten und beendete den Sparringskampf in einer ganz normalen Art und Weise. Mich beeindruckte sein Kick sehr und ich wollte von nun an öfter mit ihm trainieren, da ich merkte, dass ich dadurch besser werden kann.

Das Kickbox-Gruppentraining wurde damals des Öfteren von mir geleitet. Ich wählte immer Markus, um die Übungen vorzuzeigen. Ich war überzeugt, dass er auch ein guter Kämpfer ist und Kampfsport mit Herz trainierte. Nach einiger Zeit ließ ich ihn nun auch selbst Übungen vorzeigen, um ihm meinen Respekt zu zeigen. Im Gegenzug fragte er mich, ob wir nicht außerhalb des Trainings auch an den Pratzen trainieren könnten. Wie du merkst, war es schon von Beginn an so, dass er mir was gab, so, wie ich ihm was gab. Wir beeinflussten uns positiv, wurden beide immer besser. Er lernte von meinen Fußtechniken und ich von seinen Boxtechniken. Darüber werde ich dir im nächsten Kapitel noch mehr erzählen.

Eines Tages fragte ich ihn, ob wir nicht auch mal außerhalb des Trainings zusammen etwas unternehmen könnten, da ich merkte, dass er mich positiv beeinflusst. Er nahm dankend und respektvoll an und so entstand eine Freundschaft, die zur Familie wurde.

Ich bin mir sicher, dass ich ohne ihn immer noch bei der Polizei wäre. Ich wäre kein Schauspieler und ich wäre zumindest geschäftlich niemals so erfolgreich geworden. Ich rede hier nicht von der sportlichen Seite. Diese Motivation und diesen Willen hatte ich schon von Anfang an, wie du aus dem Buch entnehmen konntest. Er hat mir allerdings die Augen für eine völlig neue Welt geöffnet. Er war derjenige der gesagt hat „Michi, du bist so ein guter Kämpfer, willst du den Menschen nicht noch mehr geben, als ‚nur' das Gruppentraining, das du in Ellwangen leitest?"

Damit meinte er das Privattraining, er meinte meinen Y-ouTube-Kanal und er meinte all die Motivationsvorträge, die ich nun heute halte. Er begleitete mich Stück für Stück sowohl auf meiner beruflichen als auch meiner sportlichen Ebene. So führte er mich dazu, das erste Privattraining zu geben – später wurde daraus „Team Smolik" und mein YouTube Kanal. Ich hatte das Potential, den Willen und das Feuer in mir. Das erkannte er. Er wollte mir einen weiteren Weg zeigen, ohne mich von meinem Hauptweg als Kampfsportprofi ableiten zu wollen. Das alles tat er aus Freundschaft und verlangte niemals etwas dafür. Gegenleistungen in Form von Geld oder Vermögensgegenständen erwartete er zu keiner Zeit von mir. Er hat mir vieles auf geschäftlicher Ebene sowie auch auf sportlicher Ebene beigebracht. Er hat mich zu einem besseren Menschen gemacht. Genauso habe ich, wie ich aus den Erzählungen von Markus weiß, ihn ebenfalls zu einem besseren Menschen gemacht. Er brauchte nichts von mir verlangen, er wusste tief in seinem Inneren, dass er es von mir und dem Leben in irgendeiner Weise zurückbekommen würde.

Es gibt zwei Situationen in meiner Zeit als Polizist, die ich niemals vergessen werde und für die ich Markus überaus dankbar bin.

Die erste Situation ist nun eine ganze Weile her. Da ich damals bei der Polizei nur im mittleren Dienst war, wollte ich unbedingt studieren, um in den gehobenen Dienst aufzusteigen. Ich ließ mich sogar ein Jahr beurlauben, um meine Fachhochschulreife nachzumachen. Ich bewarb mich auf den Studienplatz, doch mein damaliger Vorgesetzter lehnte mich trotz einer guten Beurteilung ab: „Es war noch nicht an der Zeit."

Ich rief Markus sehr traurig an und erzählte ihm davon. Er erinnerte mich an einen Spruch, den ich eigentlich immer zu ihm gesagt hatte: „Alles, was passiert, hat einen Grund."

Markus und ich reden sehr viel miteinander. Kürzlich kamen wir genau auf das Thema der Polizei und mein damaliges Vorhaben, zu studieren. Er sagte zu mir:

„Michi, wärst du damals zum Studium zugelassen worden, dann wärst du nun sicher kein Schauspieler, vielleicht wärst du nicht mal Profi-Weltmeister, weil du während des Studiums nicht mehr die Intensität im Training hättest aufbringen können."

Ich erwiderte darauf glücklich:

„Du hast Recht, alles, was passiert, hat einen Grund."

Die zweite Situation, von der ich dir erzählen will, war gegen Ende meiner Polizeikarriere. Ich wurde vor die Wahl gestellt: Profi-Kämpfer oder Polizist. Wieder war ich traurig und wieder rief ich Markus an. Er sagte einen Satz, der mein Leben veränderte. Wie meine damalige Lehrerin, sagte er einen Satz, der mir meinen Weg ebnete.

„Bruder, nun bist du an der Reihe zu beweisen, dass du weder die Polizei noch die Menschen brauchst, die nicht hinter dir stehen, um das zu tun, was dich glücklich und letztendlich erfolgreich machen wird!"

Er stärkte mich, gab mir Kraft und zeigte mir erneut meinen Weg.

Ich erzähle dir das, weil ich möchte, dass du verstehst, wie wichtig es ist, Menschen in deinem Umfeld zu haben, die dir guttun. Du musst verstehen, dass du dich nur noch, und ich meine wirklich ausschließlich, nur noch mit den Menschen befassen sollst, die dich positiv beeinflussen, die dir guttun und dir deinen Weg zeigen und dich begleiten.

Ich danke Gott, dass ich all die Menschen in meinem Leben kennenlernen durfte, die mir in irgendeiner Weise positiven Input gegeben haben. Die an mich glauben und die mich stärken.

Versuche zu erkennen, wer deine Freunde und wer deine Feinde sind. Erschaffe dir dein eigenes positives Umfeld und erkenne, wer dir den richtigen Weg zeigt. Höre hierbei wieder auf dein Herz, aber auch auf deinen Verstand. Gefühle können manchmal blind machen und dir mehr schaden. Versuche zu erkennen, wer dir guttut und wer nicht. Du wirst es an deiner Gefühlsage und emotionalen Verfassung erkennen, wenn du dich mit den Leuten umgibst. Hast du dies verstanden, dann wirst du deinen Weg mit Menschen gehen, die wollen, dass du diesen Weg auch bewältigst.

5.2 Zeig' mir deine Freunde und ich sag dir, wer du bist

Der schnellste Weg, sein Leben in eine bestimmte Richtung zu ändern, ist der, sich überwiegend mit Menschen zu umgeben, die den gewünschten Erfolg bereits erreicht haben oder zumindest auf dem besten Weg dahin sind. Dies liegt ganz einfach an der Tatsache, dass der Mensch als soziales Wesen nicht primär durch Lesen, Vorträge oder selbstständiges "Probieren und Scheitern" lernt, sondern durch sogenannte Imitation oder Nachahmung. Wir neigen – auch unbewusst – sehr stark dazu, die Wortwahl, die Handlungsweise und letztendlich auch die Werte und Prinzipien der Menschen zu übernehmen, mit denen wir uns verstärkt umgeben. Selbstverständlich funktioniert dieses Abfärben von Denkmustern sowohl im Positiven als auch im Negativen, weshalb man sich sein soziales Umfeld sehr genau auswählen sollte. So machen Menschen, welche sich einer bestimmten Mission im Leben verschreiben – wie Michael dem Praktizieren und Weitergeben von Kampfkunst – irgendwann unweigerlich die Erfahrung, dass Menschen aus ihrem Umfeld ihre Entwicklung mit Sorge betrachten und das intensive Arbeiten an ihrem Lebenstraum nicht nachvollziehen können. Diese Skepsis von Freunden, Kollegen und oft auch der eigenen Familie kann dabei etwas mit niederen Motiven wie Neid zu tun haben, ist aber oft einfach in dem Umstand begründet, dass diese Menschen die innere Entwicklung, Veränderung der Werte und Verhaltensweisen der entsprechenden Person bemerken und auf diese mit dem natürlichen Instinkt der Zurückweisung reagieren - ganz einfach, weil sie diese Person mit ihren bisherigen Werten und Verhaltensweisen lieben und schätzen gelernt haben und daher bewusst oder unbewusst befürchten, diese durch die weitere Entwicklung zu verlieren.

Wer Michael persönlich kennt oder sogar schon einmal mit ihm trainiert hat, weiß, wie direkt und ungefiltert Michael seine Meinung äußert und seine Trainingspartner auf technische Fehler und kritische Denkweisen anspricht. Bei dem Aufbau seines sozialen Umfeldes im Sport, Beruf und auch ganz allgemein sollte man dieses direkte Feedback zu schätzen wissen, da man nur so auf das Wissen und die Erfahrungen seiner Freunde zurückgreifen und sich so selbst massiv weiterentwickeln kann. Ganz unabhängig davon, in welchem Bereich man Verbesserungen anstrebt, es ist stets von größtem persönlichen Nutzen, sich mit Menschen zu umgeben, die sich selbst vollständig diesem Bereich verschrieben haben und damit als Vorbild fungieren können. Steht man mit ganzem Herzen hinter einer bestimmten Sache und ist bereit, sein Leben wirklich diesem Bereich zu widmen und alle anderen Aktivitäten dem unterzuordnen, so fällt es nicht schwer, selbst die fortgeschrittenen und erfolgreichen Menschen als Trainings- oder Geschäftspartner bzw. Mentoren zu gewinnen. Dies mag zwar zunächst illusorisch klingen, jedoch ist wahre Begeisterung und die Bereitschaft zur Aufopferung für einen bestimmten Bereich – besonders in Nischen wie dem Kampfsport – derart selten, dass sich Menschen mit demselben „Feuer im Herzen“ unabhängig vom Entwicklungsstand geradezu magisch anziehen. Hat man erst einmal einen solchen Mentor gefunden und für sich gewonnen, so sollte man strikt auf den Aufbau einer interdependenten Beziehung zu diesem hinstreben. Auch wenn man zu Beginn eher selten in der Lage sein wird, seinem Mentor in dem jeweiligen Lebensbereich neues Wissen zukommen zu lassen, ist es dennoch wichtig, diesem auf anderen Ebenen so viel Wert wie möglich zukommen zu lassen, indem man sich uneingeschränkt als Trainingspartner bzw. Assistent zur Verfügung stellt. Durch eine echte Mentoren Beziehung wird man sich im Laufe der Zeit unweigerlich dem Leistungsniveau des Mentors annähern, was ein unglaubliches Privileg für den persönlichen Fortschritt bedeutet.

Obwohl Freunde und Mentoren, welche die eigene Bestimmung, oder eine mit dieser verwandten, teilen, einem Menschen natürlich am schnellsten und direktesten auf den richtigen Weg verhelfen, muss auch gesagt werden, dass man generell von erfolgreichen Menschen, unabhängig in welchem Lebensbereich, lernen kann und sollte. Wie dem Leser dieses Buches hoffentlich bereits vermittelt wurde, sind die hinter wirklichem Erfolg stehenden Prinzipien universell, wodurch sich sowohl die Einstellung als meist auch die Werte und Prinzipien einer erfolgreichen Person oft direkt auf andere Lebensbereiche übertragen lassen. Allgemein lieben es erfolgreiche Menschen für ihren Fokus, ihre erbrachten Opfer und ihren Einsatz für einen bestimmten Lebensbereich authentisch anerkannt und bewundert zu werden, wodurch diese auch meist gerne bereit sind ihre eigene Geschichte oder sogar bestimmte Erfolgsrezepte weiterzugeben. So gehören Kampfsport, Persönlichkeitsentwicklung und mentale Arbeit sowie das Business zu Michaels liebsten Gesprächsthemen. Einem interessierten Zuhörer wird es nicht schwer fallen, die hinter Michaels Erfolg stehenden Denkmuster zu erkennen.

Die gesellschaftliche Konditionierung als Hindernis zum persönlichen Erfolg

Schwerer als Vorbilder in einem bestimmten Bereich zu finden fällt es den meisten Menschen, sich von den destruktiven bzw. kontraproduktiven Denkmustern des Großteils der anderen Menschen und der sogenannten gesellschaftlichen Konditionierung im Allgemeinen zu lösen. Wer danach strebt, Außergewöhnliches zu leisten und besser – wie immer man dies auch definieren mag – als der Großteil der Menschen zu leben, dem sollte bewusst sein, dass ein Großteil der Menschen seine Mission im Leben nie wirklich verstehen und noch seltener gezielt unterstützen werden. Selbst die eigenen Eltern sind zwar meist uneingeschränkt am Erfolg und dem Glück ihrer Kinder interessiert, teilen jedoch oft nicht die persönliche Definition von „Erfolg“ und können noch weniger die einzugehenden Risiken und Einschränkungen ihrer Kinder tolerieren. Des Weiteren sollte man erkennen, dass das Bildungssystem, die Gesellschaft und auch die Geschäftswelt – übrigens aus gutem Grund – eher versucht sind, den kollektiven Nutzen aller als den individuellen Nutzen oder gar das "persönliche Glück“ eines Einzelnen zu maximieren, was sich auch in den meisten gesellschaftlichen Denkmustern und sozialen „Standards“ widerspiegelt. Michael beispielsweise macht bis heute immer wieder die Erfahrung, dass seine Hingabe zum Leistungssport sowie seine Bemühungen sein Wissen einer breiten Masse von Menschen weiterzugeben immer wieder auf gesellschaftlichen Unmut und Missgunst stößt. Viele Menschen argumentieren damit, dass „ein wahrer Kampfsportler“ sein Wissen doch stets kostenlos und selbstlos verbreiten und nicht nach Bekanntheit und finanzieller Gegenleistung streben solle, vergessen dabei aber, dass Michaels Mission ja grade ein Höchstmaß an Bekanntheit und öffentlicher Glaubwürdigkeit erfordert, um wirklich erst einmal eine wirklich breite Masse an Menschen erreichen und inspirieren zu können. So würde Michael alle seine Trainings- und Coaching-Angebote tatsächlich zwar am liebsten für jedermann völlig kostenlos anbieten, ist jedoch darauf angewiesen, seinen eigenen Aufwand und seine Zeit entsprechend entschädigen zu lassen, um seine eigene Profi-Laufbahn weiterzuverfolgen und sein Coaching-Unternehmen weiter aufbauen zu können. Wer selbst dieses Argument immer noch nicht nachvollziehen kann und immer noch überzeugt ist, dass das Streben nach Profit und Bekanntheit immer egoistisch und unsozial ist – wie es dem gesellschaftlichen Konsens entspricht – der soll sich all die ehrenamtlichen und kostenlosen Tätigkeiten von Michael vor Augen führen und versuchen zu verstehen, dass auch Michaels Zeit begrenzt ist und die kostenpflichtigen Trainingsangebote daher einer begrenzten und ausgewählten Anzahl an Personen vorbehalten bleiben müssen, welche sich ebenfalls ihrem sportlichen Erfolg verschrieben haben.

6 Demut

6.1 Wie kann ich mich jeden Tag verbessern?

Meine Erfolgsgeschichte basiert nicht nur auf meinem eigenen Willen. Sie basiert auch nicht ausschließlich auf meiner Motivation oder meinem positiven Umfeld. Zusätzlich dazu, versuche ich immer zu lernen und mich immer weiterzuentwickeln. Dabei nehme ich jede Hilfe an. Das habe ich schon mein ganzes Leben getan. Natürlich nehme ich nicht blind jede Hilfe an und versuche sie gleich umzusetzen. Das wäre naiv. Ich versuche zu filtern, welche Hilfe mich voranbringen könnte und mit welcher ich persönlich nichts anfangen kann. Wenn ich merke, dass diese Hilfe mir eventuell sogar schaden könnte, distanziere ich mich komplett.

Es ist wichtig zu verstehen, dass man sich niemals als etwas Besseres gegenüber anderen Menschen fühlen sollte. Egal, wie viel man erreicht hat. Egal, wie erfolgreich man ist. Ob als Sportler, Künstler oder Unternehmer. Es ist völlig egal. Egal, wie viel Geld, wie viel Fame oder wie viel Erfolg man hat. Jede Sekunde, in der man denkt, dass man besser ist als alle anderen, wird dich negativ beeinflussen. Es wird dich schwach machen. Das Leben wird dir früher oder später zeigen, dass es nicht das richtige Verhalten ist. Wenn du denkst etwas zu sein, hast du aufgehört etwas zu werden.

Es gab eine Zeit, in der ich dies vergessen hatte. Ich war ziemlich erfolgreich im Taekwondo. Ich gewann viele nationale und auch internationale Turniere. Zeitweise war ich Ranglistenerster in Deutschland. Ich fing an zu glauben, dass mich nichts und niemand aufhalten kann. Das meine ich aber nicht im positiven Sinne. Motiviert zu sein ist ein Schlüssel zum Erfolg, wie du bereits erfahren hast. Doch ich fing an, mir nichts mehr von anderen sagen zu lassen, weil ich dachte, dass ich sowieso nichts mehr von ihnen lernen könnte. Ich fühlte mich wie der König des Taekwondo. Ich fühlte mich wie Gott. Das führte dazu, dass ich Teammitglieder im Sparring verletzte. Ich ließ Teamkameraden auf Taekwondo-Turnieren im Stich. Anstatt die Leute anzufeuern, wenn sie kämpften, ging ich aus der Halle. Ich meinte, ich bräuchte sie nicht.

Mir ging es mit dieser Einstellung eine Zeit lang ziemlich gut. Doch das sollte sich schnell ändern. Das Leben zeigte mir, dass ich den falschen Weg eingeschlagen hatte. Ich wurde von meinem hohen Ross dermaßen runtergerissen, dass ich es nachhaltig spüren sollte. Es traten immer häufiger Verletzungen auf, ich verlor meine damalige erste Freundin, meine Noten in der Polizeischule flachten immer mehr ab. Ich verlor plötzlich jedes Turnier. Meine Teamkollegen hatten den Respekt vor mir verloren. Ich fühlte mich leer und ausgelaugt. Ich war am Boden.

Dann erkannte ich, dass einzig und allein mein Verhalten dazu geführt hatte. Meine Überheblichkeit brach mir das Kreuz. Ich wusste, dass ich etwas ändern musste. Ich erinnerte mich wieder an meine Schulzeit. Ich erinnerte mich an die Worte meiner alten Lehrerin. Das, was ich tat, hatte nichts mehr mit Kampfsport zu tun. Es hatte nichts mit Respekt und auch nichts mit Gutherzigkeit zu tun. Ich versuchte wieder meinen Weg zu finden, von dem ich abgekommen war. Ich öffnete mein Herz. Versuchte den Menschen zuzuhören, wenn sie mir etwas sagten und alles Mögliche aufzusaugen. Ich zeigte Reue gegenüber den Menschen, die ich enttäuscht hatte. Ständig erinnerte ich mich daran, wie ich war, bevor ich diesen ersten großen Erfolg im Kampfsport hatte. Ich arbeitete daraufhin, ein besserer Mensch zu werden. Meine Leistung wurde wieder besser. Mein zwischenmenschliches Verhalten entwickelte sich wieder in die positive Richtung. Genau wie zu meiner Schulzeit, änderte sich mein Leben erneut. Meine Noten in der Polizeischule wurden wieder besser, meine Beziehung zu den Menschen, die ich gernhatte, blühte wieder auf.

Viele Menschen fragen mich, was mein Tattoo zu bedeuten hat. Es zeigt einen Engel, der auf einem Drachen sitzt. Dieser Engel sieht aus wie ein Kämpfer. Er ist mein Schutzengel. Er steuert den Drachen. Der Drache, der sich in mir befindet, wird nun kontrolliert und gebändigt. Das Feuer und der Kampfgeist des Drachen werden aufrechterhalten. Doch der Zorn, die Wut und das Böse wird kontrolliert und in Glück, Liebe und Freude umgewandelt. Du merkst, es hört sich vielleicht etwas spirituell an. Doch es gibt mir Kraft und Halt. Es erinnert mich immer an die Zeit, als ich vergessen hatte, wer ich wirklich bin. Ab dem Zeitpunkt, habe ich nie wieder nur Ansatzweise gefühlt, etwas Besseres zu sein als andere.

Egal, ob ich mittlerweile Profi-Weltmeister und medial sehr bekannt bin. Ich versuche ausnahmslos jede Hilfe anzunehmen. Von jedem. Ich sehe mich nicht als jemanden, der über anderen steht. Jeden Menschen versuche ich auf der gleichen Ebene zu sehen und zu behandeln. Ob es meine Eltern, mein Trainer, mein damaliger Polizeichef, Schüler von mir oder irgendein anderer Mensch ist. Ich behandle jeden respektvoll und versuche von ihnen zu lernen.

Du wirst vermutlich selbst erkannt haben, dass du dich gegenüber deinem Vorgesetzten oder Lehrer anders verhältst als gegenüber deinen Freunden oder außenstehenden Personen. Ich frage dich, warum? Weil dein Vorgesetzter die „Macht“ hat, dich zu entlassen? Weil dein Lehrer dir schlechte Noten geben könnte? Das ist kein Grund, um Respekt vorzuheucheln und in Wirklichkeit nicht viel für diesen Menschen übrig zu haben. Wenn du eine gesunde Beziehung zu deinen Eltern oder deinen Freunden hast, wirst du sie in der Regel auch respektvoll behandeln. Warum also auch nicht gegenüber deinem Chef oder deinem Lehrer? Versuche eine gleiche Ebene zu schaffen. Dass du deinen Freunden mehr anvertrauen wirst wie deinem Chef, oder deine Eltern lieber hast als deine Lehrer, ist klar. Darum geht es aber nicht. Es geht nur darum, dass du jeden Menschen respektieren solltest und versuchst von ihnen zu lernen.

Sollte dir zum Beispiel dein Lehrer etwas erklären wollen, dann lehne es nicht sofort mit einer negativen Grundhaltung ihm gegenüber ab. Nehme den Tipp auch nicht gleich an und versuche auch nicht, sofort zu umzusetzen was dir gesagt wurde. Gehe in dich. Versuche zu erkennen, ob es dir weiterhilft oder nicht. Könnte dir die angebotene Hilfe helfen, oder führt sie dich eher in eine andere Richtung, in die du nicht gehen willst?

Ich erzähle dir das, weil es einige Menschen in meinem Leben gab, die mir nichts Gutes wollten. Diese Menschen werden auch in deinem Leben existieren oder noch erscheinen. Sie wollen dich fallen sehen und geben dir falsche Ratschläge. Erkennst du das, distanziere dich, so, wie ich es auch tue.

Wird mir zum Beispiel gesagt, dass mein Kampfstil sehr unorthodox ist und ich so nie gewinnen würde, oder dass meine Kicks zu langsam sind, dann lehne ich es zwar nicht gleich emotional ab. Ich denke tatsächlich kurz darüber nach.

„Könnten meine Kicks vielleicht wirklich zu langsam sein? Ist mein Stil nicht gut genug für die Profi-Liga? Muss ich vielleicht was ändern?“

Ich erkenne allerdings schnell, dass ich mit diesen „Ratschlägen“ nichts anfangen kann. Mein Erfolg gibt mir Recht und deshalb möchte ich meinen Kampfstil auch nicht ändern. Ich hoffe, du verstehst, was ich dir damit sagen will. Es war in diesem Fall offensichtlich, dass ich nicht viel mit diesem „Ratschlag“ anfangen konnte. Dennoch dachte ich kurz darüber nach und ging in mich, allerdings ohne großartig viel Energie zu verschwenden. Ich bin selbstbewusst genug, um zu erkennen, dass diese vorgeheuchelte Hilfe mir nicht guttun wird. Wenn du wirklich im Einklang mit dir bist, wirst du mit der Zeit erkennen, welche Ratschläge du annehmen solltest und welche du schnell wieder aus deinen Gedanken streichen kannst.

Doch sei aufmerksam. Es wird Menschen in deinem Leben geben, die es wirklich gut mit dir meinen. Sie wollen, dass du dich weiterentwickelst. Sei es unternehmerisch, sportlich oder in irgendeiner anderen Art und Weise. Diese Tipps könnten genau der richtige Schlüssel zu deinem Erfolg sein. Wenn du in dich gehst, diese Tipps annehmen kannst und merkst, dass sie dir weiterhelfen könnten, dann versuche alles daran, es auch umzusetzen. Höre immer zu. Vor allem, wenn du dich mit Menschen umgibst, die dir guttun (positives Umfeld). Scheue dich aber nicht vor den Ratschlägen von Menschen, die dir fremd sind. Es wird durchaus Leute geben, die dich nicht kennen, aber dir von ihrer Erfahrung erzählen und wollen, dass du nicht dieselben Fehler machst, die sie gemacht haben.

Sauge alles Mögliche auf, das dich weiterbringen könnte. Dein Leben ist ein ständiger Prozess der Weiterentwicklung. Selbst ich als Profi-Weltmeister, kann immer noch von anderen lernen. Ich kann mich immer noch auf sportlicher Ebene verbessern. Du denkst dir vielleicht, dass ich doch der Beste der Welt sei, wieso sollte ich von anderen noch was lernen können. Ich bin ehrlich, bei jedem Seminar, das ich zusammen mit Markus gebe, ob Anfänger oder Profis, ich lerne immer wieder was dazu. Menschen haben verschiedene Auffassungen, verschiedene Sichtweisen und verschiedene Blickwinkel. Das ist auch gut so, denn so erkennen diese Menschen Dinge, die du oder ich nicht erkennen. Auch wenn sie vielleicht nicht so erfahren sind wie du, auch wenn sie nicht so erfolgreich sind wie du, sie können dir dennoch weiterhelfen.

Als ich Markus kennenlernte, war ich bereits Amateur-Weltmeister. Ich habe dir bereits im vorherigen Kapitel erzählt, dass er von meinen Fußtechniken profitierte, so, wie ich von seinen boxerischen Fähigkeiten dazu lernte. Ich kannte Markus zu diesem Zeitpunkt noch nicht gut. Er war aus kampfsportlicher Sicht auch nicht erfolgreicher als ich. Dennoch versuchte ich jeden einzelnen Tipp von ihm anzunehmen und von ihm zu lernen. Jede noch so kleine

Hilfe nahm ich dankend an, weil ich merkte, dass diese Kritik konstruktiv war. Ich konnte etwas damit anfangen und mich weiterentwickeln. Mit zunehmender Freundschaft und dem daraus resultierenden Vertrauen konnte ich im späteren Verlauf auch einige Dinge von ihm lernen, die nichts mit Kampfsport zu tun hatten. Seien es Denkweisen, Verhaltensstrukturen oder geschäftliche Prozesse. Ich lernte immer und ständig von ihm. So wurde er nicht nur mein bester Freund, sondern auch in gewissen Bereichen mein Mentor. Daraus folgte, dass ich noch erfolgreicher wurde in dem, was ich tat und auch in anderen Bereichen.

Du erkennst, dass diese Offenheit gegenüber anderen Menschen – damit meine ich auch fremden Menschen, Markus war ja zu Beginn eine mir fremde Person – dir völlig neue Türen öffnen kann. Türen, die dir bisher verschlossen waren. Diese Menschen können dein Schlüssel sein. Benutze ihn und gehe durch die Tür. Bedenke aber immer die Worte, die du in diesem Kapitel gelesen hast. Lasse dich nicht von falschen Leuten fehlleiten und werde dir darüber bewusst, was dich weiterbringt.

Dankbar sein

Ich habe dir bereits von einer meiner Schwächen erzählt, Ungeduld. Durch mein Ehrgeiziges Verhalten, habe ich teilweise vergessen was Dankbarkeit bedeutet. Dinge wurden für mich selbstverständlich. Ich wollte immer danach streben besser zu werden, noch mehr zu erreichen und es weiter nach oben zu schaffen. Das tue ich immer noch. Doch ich habe damals vergessen, den Prozess zu lieben. Ich habe schon zu weit in die Zukunft gedacht. Ich habe dir bereits erklärt, dass es durchaus wichtig ist, große Ziele zu haben. Wenn du dabei aber vergisst, den jetzigen Moment zu genießen und zu lieben, wirst du auf Dauer keinen Erfolg haben. Du wirst versuchen Prozesse und Stufen zu überspringen. Wenn du zum Beispiel einen Marathon laufen willst und zuvor noch nie gejoggt bist, kannst du nicht direkt in der ersten Trainingseinheit 40 km laufen. Dein Körper würde versagen. Dein Geist mag vielleicht den Willen besitzen, ist die nötige Physis aber nicht vorhanden, dann wird dein Körper einbrechen. Du musst dich langsam steigern. Von Laufeinheit zu Laufeinheit immer eine größere Distanz überbrücken. Genauso ist es bei jedem anderen Ziel, das du dir vornimmst – du musst von Stufe zu Stufe arbeiten. Das Wichtigste dabei ist, 100 % bei dem zu geben, was du im Moment tust. Gegenwärtig sein. Vor allem aber dankbar sein. Sei dankbar für den Moment, sei dankbar, dass du dich weiterentwickeln darfst. Sei dankbar, dass du gesund bist, dass du Menschen um dich hast, die dich lieben. Sei dankbar, dass du lebst.

Markus erzählte mir, dass er jeden Abend bevor er schlafen geht, dankbar für den Tag ist. Er ist dankbar dafür, dass er trainieren durfte, dass er neue Menschen kennengelernt hat und dass er das tun darf, was er liebt.

Über das Thema „Hilfe annehmen" und „ständiges Lernen" haben wir bereits gesprochen. Auch hier habe ich versucht positive Aspekte von meinen Mitmenschen, in diesem Fall Markus, zu übernehmen. Nun bedanke auch ich mich jeden Abend. Ob du dich dabei bei Gott, Allah, Buddha oder dem Universum bedankst, bleibt dir überlassen. Ich persönlich spreche zu Gott und zum Universum. Es mag etwas übersinnlich klingen, aber mir gibt es Halt. Jeder

Mensch sollte seine eigenen Glaubenssätze haben. Dies sollte man zu jeder Zeit respektieren.

Deine Dankbarkeit zum Leben wird sich positiv auf alle Bereiche auswirken. Ich selbst habe gelernt das Hier und Jetzt zu lieben und bin dankbar, dass ich es erleben darf. Ob das Gespräche mit meinen Freunden, mit meiner Familie oder anderen Menschen sind – ich bin dankbar dafür. Die Gesellschaft sieht sehr viele Aspekte im Leben als selbstverständlich an. Das war es für mich auch eine Zeit lang. Ich habe aber nun gelernt, selbst für Kleinigkeiten oder „selbstverständliche" Dinge dankbar zu sein. Ruft mich zum Beispiel mein Vater oder meine Mutter an, um zu fragen wie es mir geht, bin ich nicht genervt davon. Ich bin dankbar, dass sie an mich denken und sich um mich sorgen. Dankbarkeit kann man in vielen verschiedenen Bereichen des Lebens zeigen. Familie, Freunde, Sport, Business, Gesundheit oder das ganz normale Leben.

Ein sehr guter Freund von mir erzählte mir, dass er nicht sonderlich glücklich ist. Er würde am liebsten im Lotto gewinnen und wie ich sein eigenes „Ding" machen. Er hatte über sein Leben geklagt.

Ich habe ihm gesagt, dass er mal darüber nachdenken soll, was er denn alles hat. Er arbeitet in einem super Job, der keine große körperliche Anstrengung benötigt. Er hat lediglich eine 38-Stunden-Woche. Er besitzt eine eigene Wohnung und hat eine Frau sowie ein Kind, die beide gesund sind und ihn lieben. Ich habe ihm mitgeteilt, dass er aufhören soll, über sein Leben zu meckern und stattdessen anfangen soll, dankbar dafür zu sein, was er hat. Denn viele Menschen haben nicht mal ansatzweise das, was er hat.

Dies öffnete ihm die Augen. Er begann zu begreifen, dass die Dinge, die für ihn selbstverständlich wurden, keinesfalls selbstverständlich sind. So konnte ich sein Leben wieder in eine positive Richtung lenken.

Solltest du Menschen kennen, die über ihr Leben klagen, so versuche ihnen klarzumachen, was sie alles haben und nicht, was sie nicht haben. Am besten solltest du aber bei dir selbst anfangen. Werde dir klar, welche wertvollen Schätze du besitzt. Dabei rede ich nicht von Geld, sondern viel mehr von Menschen und Ereignissen in deinem Leben.

Wenn du der Welt Dankbarkeit zeigst, wirst du Dankbarkeit zurückbekommen.

6.2 Jeder will etwas sein, aber keiner will etwas werden

Beschäftigt man sich näher mit den wenigen Menschen, die durchschlagenden Erfolg auf Weltebene vorweisen können, so fällt auf, dass diese in der Regel äußerst selbstbewusst und selbstsicher wirken, jedoch zeitgleich oft die bodenständigsten und dankbarsten Menschen in ihrem Umfeld sind. Diese Ausbildung von bodenständigen Charaktereigenschaften ist der Tatsache geschuldet, dass diese Menschen im Laufe ihrer Entwicklung gelernt haben, dass Erfolg kein Event, sondern vielmehr ein fortwährender Prozess ist, welcher eine ununterbrochene kritische Selbstreflektion erfordert. So können Verbesserungspotentiale und Schwächen erkannt und neues Wissen angesammelt werden. Eben diese offene Lernbereitschaft und Neugier erklärt zu einem gewissen Teil auch den Umstand, dass besonders erfolgreiche Menschen in einem Lebensbereich, wie beispielsweise dem Sport, schnell auch in anderen Lebensbereichen (Business, Soziales Leben, ...) überdurchschnittlich erfolgreich werden. Michael beispielsweise konnte durch seine Offenheit und seine Wissbegierde nach seiner Entscheidung sich nun auch als Unternehmer beweisen zu wollen, durch den Kontakt mit seinen Mentoren in kürzester massive Kenntnisse im Bereich des Geschäftslebens (Marketing, Strategie, Finanzen) anreichern. Sogar als Besucher einer fortgeschrittenen Mastervorlesung der Wirtschaftswissenschaften fiel er damit überaus positiv auf.

Zwar wird grundsätzlich kein Mensch verleugnen, dass die realistische Bewertung der eigenen Fähigkeiten und die Bereitschaft, diese konstant zu verbessern, für die eigene

Entwicklung elementar sind, jedoch wird diese Offenheit durch die Trägheit des eigenen Egos abgebremst. Dieses versucht simultan ein von hohem Status und Erfolg geprägtes Selbstbild aufrecht zu erhalten. Das eigene Ego wird daher stets bemüht sein, Feedback, Meinungen und Vorschläge, die nicht dem eigenen Glaubenssystem entsprechen oder von Menschen kommen, denen gegenüber man sich selbst als „überlegen" sieht, zu verwerfen. So nimmt es dem Menschen oft die Möglichkeit, eigentlich wertvolle Ratschläge und Hinweise annehmen zu können. Obwohl an dieser Stelle nicht weiter auf die Entstehung oder die genauen Wirkungsweisen des Egos eingegangen wird, so sollte der Leser dennoch verstehen, dass wirklich außergewöhnlich erfolgreiche Menschen gerade durch die Eigenschaft ausgezeichnet werden, jederzeit überaus offen und dankbar für neues Feedback betreffend ihrer Fertigkeiten zu sein. Dies liegt in der Tatsache begründet, dass sie um ihre Stärken wissen und niemandem mehr etwas durch die Zurückweisung von Kritik beweisen müssen.

Die Offenheit für Kritik anderer Menschen oder anderweitige wertende Hinweise bedeutet dabei nicht, dass erfolgreiche Menschen auch jeden einzelnen Vorschlag direkt umsetzen. Die Arbeit mit externem Feedback erfordert, wie auch die Arbeit mit eigenen Eindrücken, immer die kritische Auseinandersetzung mit diesen. So kann letztendlich bewertet werden, ob der entsprechende Input letztlich überhaupt gewinnbringend ist oder einer falschen Einschätzung des Hinweisgebers bzw. dessen Verlangen, sich zu profilieren, entspringt. Michael ist beispielsweise einer der Menschen, die Kritik bzw. Verbesserungsvorschläge betreffend seiner Techniken oder seinem Vorgehen im Kampfsport dankend annehmen und versuchen den Input durch Rückfragen optimal verstehen zu können. Dabei muss er jedoch viele Vorschläge letztlich nach einer sorgfältigen Begutachtung wieder verwerfen, da die wenigsten Menschen seinen Kampfstil und seine außergewöhnliche Auslage tatsächlich verstehen. Ihre Hinweise sind so meistens zwar meist gut gemeint, aber kontraproduktiv. Das selbsttrügerische Verlangen, das eigene Selbstbild zu wahren und von anderen Menschen anerkannt zu werden, nimmt bei einigen Kampfsportanfängern derart abstruse Formen an, dass diese auf wirklich grundlegende Hinweise von erfahrenen Trainern oder hocherfolgreichen Wettkampfathleten wie Michael eher mit Rechtfertigung als mit Dankbarkeit reagieren. Sie unterliegen dem Trugschluss, die andere Person – zu welcher sie natürlich aufschauen – eher mit ihren (nicht vorhandenen) Fähigkeiten als vielmehr ihrem Willen, diese zu verbessern, beeindrucken zu wollen.

Niemand steht über dem Prozess

Das Sprichwort „Erfolg kann man nicht besitzen, nur mieten – und die Miete dazu ist jeden Tag fällig“ verdeutlicht die Bedeutung der täglichen Arbeit für den Erfolg sehr gut. Wer seine Gewohnheiten nicht im positiven Sinne verändert und diesen dekonstruktiven Lifestyle beibehält kann niemals mit nachhaltigem Erfolg rechnen. Dies ist ebenfalls der Grund, warum neue Lotto-Millionäre in der Regel innerhalb von fünf Jahren finanziell deutlich schlechter gestellt sind als vor dem Lottogewinn. So erhöhen diese Menschen zwar schnell drastisch ihren Lebensstandard, können aber auf Grund ihres oft immer noch mangelhaften Verständnisses für Finanzen ihr Vermögen nicht erhalten, geschweige denn gewinnbringend investieren. Denselben Effekt kann man bei übergewichtigen Menschen erkennen, die sich einer Fettabsaugung unterziehen und nach wenigen Monaten ihr ursprüngliches Niveau an Körperfett wieder erreicht haben. Während die Personen in diesen beiden Beispielen den Prozesscharakter von Erfolg gar nicht erst erkannt haben bzw. diesen versuchen zu umgehen, fallen oft auch einst sehr erfolgreiche Menschen in dieses Fehlverständnis nicht (mehr) für ihren Erfolg arbeiten zu müssen. Alle sozial und finanziell erfolgreichen Personen sind einem derart großen Überfluss an Zuspruch, Anerkennung und Bestätigung ausgesetzt, dass es vielen nach einiger Zeit schwerfällt, sich daran zu erinnern, was ihnen in erster Linie zum Erfolg verholfen hat, tägliche Arbeit zurückstellen und sich stattdessen mehr auf angenehmere Tätigkeiten wie mediale Auftritte etc. konzentrieren. Selbstverständlich führt diese Arroganz über dem Prozess zu stehen genauso schnell zu beeindruckenden Niederlagen wie der Respekt vor der täglichen disziplinierten Arbeit zum Erfolg führt.

7 Durchhaltevermögen

7.1 Wie halte ich auch in schwierigen Situationen durch?

Jeder erfolgreiche Mensch war in seinem Leben mal an einem Tiefpunkt. Jeder von ihnen hatte Phasen in seinem Leben, in denen alles schieflief. Doch was hat sie letztendlich erfolgreich gemacht? Ich kann es dir verraten. Sie haben einfach weitergemacht.

Viele Menschen haben Visionen, große Ziele und Träume. Schlussendlich erreichen sie aber nie das gewünschte Ziel. Sie reden den ganzen Tag davon, leben in der Illusion, dass sich was verändern könnte. Es wird sich aber nie was tun, solange man nicht selbst etwas dafür tut. Kennst du den Spruch von Nike? – Just do it. Das möchte ich dir auch mit auf den Weg geben, Just do it! Tu es einfach, aber das wichtigste, hör nicht auf damit. Dass du an deine Träume und Ziele glauben sollst, hast du hoffentlich diesem Buch schon entnommen. Wichtig ist aber, dass du immer wieder weitermachst.

Wenn du auf meine Erfolgsgeschichte blickst, wirst du erkennen, dass ich schon oft in meinem Leben hätte aufgeben können. Ich bin mir auch sicher, dass einige an meiner Stelle aufgegeben hätten. Das fängt schon in der Schulzeit an. Natürlich hätte ich mich den „coolen“ Leuten anschließen können, das wäre der einfach Weg gewesen. Ich hätte in der Schulzeit Status gehabt und „Freunde“. Ich hätte einfach aufhören können, nach meinen Zielen zu streben, um stattdessen mit den anderen zu rauchen, Alkohol zu trinken und auf Partys zu gehen. Es war nicht immer einfach, doch ich habe trotzdem immer weitergemacht. Habe mich von niemanden fehlleiten lassen und bin meinen eigenen Weg gegangen.

Dies wiederholte sich einige Male in meinem Leben. Ob bei der Polizei, in einer Beziehung zu einer Frau oder in anderen Situationen, in denen ich das Handtuch hätte schmeißen können. Dennoch habe ich immer und immer wieder weitergemacht und für meine Träume gekämpft und alles dafür gegeben.

Es besteht diesbezüglich auch eine gewisse Parallele zu meinem täglichen Training. Besonders, wenn ich in der Vorbereitung für einen bevorstehenden Kampf bin. Es gab oft Momente, in denen ich dachte, dass ich nicht mehr kann. Dass mein Körper zusammenbricht. Jeden Tag zwei Mal zu trainieren, und das auf höchstem Niveau, ist nicht immer einfach. Doch ich habe immer und immer wieder weitergemacht. Immer meine Ziele vor Augen und fest verankert in meinem Kopf und vor allem in meinem Herzen.

Zu meiner Vorbereitung gehört neben dem Pratzentraining, Sparring, Krafttraining usw. auch noch Sprinttraining. Jedes dieser Trainingselemente erfordern ein hohes Maß an Disziplin und Durchhaltevermögen. Doch besonders die Sprints bringen mich immer an meine Grenzen.

Vor meinem ersten Profi-WM-Titelkampf trainierte ich in München mit meinem Profi-Trainer. Ich sollte Sprints an einem Berg absolvieren. Dieser Berg war sehr steil. Neun Mal sollte ich ihn hochsprinten. Mein Trainer nahm mit jedem Sprint die Zeit, um zu kontrollieren, ob ich langsamer werde. Meine Beine wurden von Mal zu Mal schwerer.

Mein Körper bekam nur noch wenig Sauerstoff. Ich biss die Zähne zusammen, um mit keinem Mal langsamer zu werden. Bei dem vorletzten Sprint, sagte mir mein Trainer, dass ich 3 Sekunden langsamer war, als bei meinem vorherigen. Dies weckte meinen Ehrgeiz so dermaßen, dass ich, obwohl ich am Ende meiner Kräfte war, den neunten Sprint so schnell wie nur möglich absolvieren wollte. Als ich an der Spitze des Berges angelangt war und zu meinem Trainer runtertrabte, musste ich mich übergeben. Ich bin über mein Limit gegangen. Mein Trainer sagte mir stolz, dass ich über meine Grenzen gegangen bin und dies genau das ist, was Champions müssen. Außerdem teilte er mir mit, dass ich ganze acht Sekunden schneller war als bei meinem allerersten Sprint. Wie war das möglich? – Wenn man dies versucht aus einer logischen Perspektive zu sehen, wird man es nicht verstehen. Biomechanisch ist das fast unmöglich. Meine Muskeln waren übersäuert, haben komplett zugemacht. Meine Ausdauer war mehr als am Ende. Dennoch war ich acht Sekunden schneller als bei meinem ersten Sprint des Tages. Ich habe durchgehalten, hatte mein Ziel vor Augen und hab einfach weitergemacht. Egal, was mein Körper gesagt hat, ich habe es ignoriert und ging über meine Grenzen. An dieser Stelle muss ich erwähnen, dass es in gewissen Situationen durchaus wichtig ist, auf seinen Körper zu hören. Zum Beispiel bei Krankheiten oder Übermüdung des Körpers durch Übertraining. In anderen Fällen ist es aber wichtig, nicht auf seinen Körper, sondern nur auf sein Herz zu hören und einfach weiterzumachen. Ob das jetzt im Sport oder in anderen Lebensbereichen ist, spielt überhaupt keine Rolle. Wenn du zum Beispiel ein Unternehmen aufbauen möchtest, du aber keine Investoren findest, die dich dabei unterstützen, schmeißt du dann gleich das ganze Projekt hin und machst etwas Anderes? Wenn du diese Frage nun mit „Ja“ beantwortest, dann hast du das Buch noch nicht verstanden. Ist es dein Traum ein Unternehmen aufzubauen und du erleidest Tag für Tag Rückschläge, dann machst du einfach so lange weiter bis es funktioniert. Wenn du weitermachst, wirst du Wege finden. Du wirst Optionen finden, deinen Wunschtraum zu erfüllen. Gebe einfach nicht auf und mach‘ weiter. Sei dabei aber nicht blind oder naiv. Verbrenne dich nicht an deinem Feuer. Lenke im richtigen Moment in eine andere Richtung und versuche eine andere Opportunität zu erkennen.

Du merkst, der Wille ist überall anwendbar. Dazu fällt mir eine Geschichte zu dem bekannten Schauspieler und Kampfsportler Jean Cloude Van Damme ein.

Van Damme lebte zunächst in Belgien. Er hatte den großen Traum, Filmstar zu werden. Er erkannte allerdings, dass er in Belgien nicht die gleichen Möglichkeiten hat wie in den Vereinigten Staaten. So zog er gemeinsam mit seinem Jugendfreund Michel Qissi nach Los Angeles, um dort eine Karriere als Schauspieler anzustreben. Doch es kam anfänglich ganz anders, als er es sich erhoffte. Er arbeitete zunächst jahrelang als Fitnesstrainer, Limousinen-Fahrer und Türsteher. Einige Menschen sagten ihm, dass er wieder zurück nach Belgien solle. Dort würde es ihm bessergehen. Doch er ließ sich nicht von seinem Vorhaben abbringen. Er hielt durch und glaubte fest an seinen Traum. Eines Tages, als er seine Arbeit als Türsteher in einem Club nachging, lernte er die Frau von Chuck Norris kennen. Er redete so lange auf sie ein, um die Nummer ihres Mannes zu bekommen. Dies gelang ihm und letztendlich konnte er Chuck überzeugen. So bekam er eine Chance als Stuntman in dem Film „Missing in Action". Doch es dauerte zwei weitere Jahre, bevor Van Damme in „Karate Tiger – Der letzte Kampf" endlich eine richtige Filmrolle bekam. Mit dieser schaffte er den Durchbruch.

Er hatte nie aufgegeben und immer weitergemacht. Du musst dir überlegen, wie lang ein Jahr ist und er hat ganze drei Jahre in Hollywood damit verbracht, für seinen Traum zu kämpfen. Ohne jegliche Aussicht auf Erfolg hielt er weiter an seinem Ziel, Schauspieler zu werden, fest. Er wusste nicht, wann es passiert. Doch er wusste, dass es passieren wird. Tief im Inneren hat er immer daran geglaubt und durchgehalten.

Daran glauben

Der eigene Glaube spielt sowohl in der Geschichte von Van Damme als auch in meiner Geschichte und in deiner eigenen Geschichte eine große Rolle. Ich meine hier nicht deinen religiösen Glauben. Dieser kann durchaus eine Stütze für dich sein. Deine Religion kann dir Kraft geben. Du kannst mit jemandem sprechen, wenn es dir nicht gut geht, oder dich einfach bedanken, wenn du deinen Zielen ein Stück nähergekommen bist. Ob du mit Gott, Buddha, Allah oder einem anderen Gott sprichst, spielt nur für dich eine wichtige Rolle und deinen eigenen Glauben an diese Religion. Ich spreche allerdings viel mehr über deinen Glauben daran, dass du deine Ziele auch erreichen wirst. Du musst hundertprozentig davon überzeugt sein. Zweifelst du nur eine Sekunde daran, dann wirst du es nicht schaffen. Du darfst keine Zweifel haben. Deine Fähigkeiten, dein Wille, dein Glaube und dein Herz werden dich zu deinem Erfolg bringen.

Doch sei dabei nicht einfältig. Es wird Momente in deinem Leben geben, da musst du akzeptieren, dass du den falschen Weg, die falsche Richtung oder einfach die falsche Option für deinen Erfolg gewählt hast. Mag sein, dass du schon hunderte von Stunden dafür investiert hast. Vielleicht sogar schon Jahre. Das ist aber kein Grund, an etwas festzuhalten, das keinen Sinn mehr macht. Du musst dich umorientieren, schauen, ob du eine andere Lösung finden kannst. Das kann hart sein, weil man viel Energie hineingesteckt hat. Oft versucht man dann noch krampfhaft daran festzuhalten und stur weiterzumachen, weil man sich nicht eingestehen möchte, einen Fehler gemacht zu haben oder dass es so einfach nicht funktionieren wird. Manchmal ist eine höhere Gewalt dafür verantwortlich und man kann nichts dagegen tun. Ich rede nicht davon, dass du deine Ziele und deine Träume einfach aufgeben sollst. Wenn dein Herz wirklich für deinen Traum schlägt und du mit jeder Faser deines Körpers dahinterstehst, dann solltest du auch daran festhalten. Manchmal muss man einfach einen anderen Weg gehen. Versuche nicht die Titanwand auf deinen Weg zum Erfolg durchzuschlagen. Es wird dir nicht gelingen. Du wirst deine ganze Energie dafür verschwenden, ohne sie durchbrechen zu können. Auch wenn du für diesen Weg schon Monate oder Jahre gebraucht hast. Halte nicht daran fest und gehe einen anderen Weg, wähle eine andere Alternative, um dein Ziel zu erreichen.

Ob es einer höheren Gewalt obliegt oder deinem eigenen Fehler, ist nicht von großer Bedeutung. Denn du musst dich in jedem Fall umorientieren und eine andere Möglichkeit finden.

Um dir zu verdeutlichen, was ich damit meine, erkläre ich es dir anhand von zwei simplen Beispielen aus dem alltäglichen Leben.

Du musst zu einem wichtigen Meeting. Da du die Bahncard 50 besitzt entscheidest du dich, schon ein paar Tage im Voraus dafür, den Zug zu nehmen. Du kontrollierst und planst, wann die Züge genau fahren, damit du rechtzeitig ankommst. Du bedenkst sogar, dass es zu Verzögerungen kommen könnte und wählst somit einen früheren Zug. Am Tag des Meetings kontrollierst du nochmals frühzeitig, ob deine Züge fahren. Wenn alles im grünen Bereich ist, fährst du zum Bahnhof. Dort angekommen, zeigt dir die Infotafel, dass die Fahrstrecke zu deinem Zielort gesperrt ist. Es gab einen Unfall auf den Gleisen und es finden Räumungsarbeiten statt, die Stunden andauern. Nun hast du verschiedene Möglichkeiten. Du kannst natürlich das Meeting absagen, was bedeuten würde, dass du aufgibst. Du kannst schauen, ob andere Züge eine Ausweichstrecke fahren. Du kannst aber auch eine Fahrt mit deinem Auto oder einer Fahrgemeinschaft in Betracht ziehen, um noch rechtzeitig zu deinem Meeting zu kommen. Schlussendlich entscheidest du dich dafür, mit deinem eigenen Auto zu fahren, nimmst die Spritkosten in Kauf und gelangst rechtzeitig zum Meeting.

In diesem Fall hast du alles dafür gegeben, dass du auch wirklich rechtzeitig zum Meeting kommst. Du hast gewissenhaft geplant und sogar eine Verzögerung in Betracht gezogen. Es gab keine Hinweise darauf, dass es nicht klappen könnte. Dann greift allerdings eine höhere Gewalt ein. Du konntest nicht wissen, dass sich nun ein Unfall auf deiner Fahrstrecke ereignet hatte und diese gesperrt wird. Dieser Weg bleibt für dich also unzugänglich. Du suchst und findest eine andere Möglichkeit, nimmst Mehrkosten sowie einen erhöhten Aufwand in Kauf und erreichst so letzten Endes dein gewünschtes Ziel.

Nun kommen wir zum zweiten Beispiel. Du weißt, dass ein Freund von dir in naher Zukunft Geburtstag hat. Du entscheidest dich, einen Kuchen für ihn zu backen. Einen Tag vor seinem Geburtstag (Samstag) hast du den Kuchen immer noch nicht gebacken. Stunden vergehen und der Abend bricht an. Den Kuchen hast du immer noch nicht gebacken. Nun möchtest du es aber in Angriff nehmen. Du legst dir alle Zutaten parat, merkst aber, dass dir eine ganz wichtige Zutat fehlt: Mehl. Da es schon sehr spät ist, haben alle Läden geschlossen. Morgen früh kannst du ihn auch nicht backen, weil sonntags die Läden ebenfalls zu haben. Auch hier könntest du dich entscheiden, einfach aufzugeben und doch keinen Kuchen zu backen. Du könntest aber auch Nachbarn oder Freunde fragen, ob sie Mehl für dich haben. Keiner deiner Nachbarn hat allerdings mehr Mehl für dich, da sie es selbst benötigen. Du findest tatsächlich einen Freund, der dir Mehl geben kann. Dieser kommt aber erst sehr spät nach Hause. Am Ende gelangst du dann an dein Mehl. Um den Kuchen fertig zu bekommen, backst du bis tief in die Nacht. Sonntagmorgen hast du den Kuchen schließlich fertig und bringst ihn deinem Freund, der sich sehr darüber freut.

Betrachtest du nun diesen Fall genauer, wirst du erkennen, dass es sehr viele Parallelen zu der anderen Geschichte gibt. Auch hier musstest du Umwege gehen, um an dein Ziel zu gelangen. Natürlich musstest du diese Umwege aufgrund deines eigenen Fehlers gehen. Du hast viel zu spät angefangen zu backen. Hast nicht kontrolliert, ob Mehl vorhanden ist. Warst zu faul und hast es immer wieder nach hinten geschoben. Wärst du gewissenhaft an diese Sache rangegangen, dann hättest du im Vorfeld einkaufen können und dir eine Menge Zeit und Nerven erspart. Wenn du allerdings diesen Fehler schon gemacht hast, und du wirst noch oft Fehler machen, dann lerne daraus und strukturiere um, sodass du durch einen anderen Weg an dein Ziel gelangen kannst. Das Endergebnis bleibt dennoch in beiden Geschichten das gleiche. Du hattest ein Ziel. Durch irgendwelche Gründe wurde dir dein eigentlicher Weg versperrt. Du wählst einen anderen Pfad, auch wenn dieser ein Umweg ist und gelangst zuletzt auch an dein gewünschtes Ziel.

Auch in meiner Lebensgeschichte gab es Fälle, die mich dazu zwangen umzustrukturieren, um an mein Ziel zu gelangen. Wie du weißt, hatte ich als Kind schon den Traum, der beste Kämpfer der Welt zu werden. Ebenfalls ein großes Ziel von mir war es, die Olympischen Spiele im Taekwondo zu gewinnen. Ich gewann viele Turniere, war sehr weit oben in der deutschen Rangliste, doch bekam niemals eine Chance, mich im Nationalteam zu beweisen. Ich wurde nicht mal zu einem Probetraining eingeladen. Ich trainierte trotzdem immer weiter und immer härter. Natürlich verlor ich damals auch ein paar Kämpfe, aber ich gewann auch gegen starke Jungs und siegte auf großen Turnieren. Eine Chance auf ein Probetraining im Nationalteam blieb mir dennoch verwehrt. Ich weiß bis heute nicht warum. Einige sagen, dass im Taekwondo vieles über Vitamin B läuft, andere sagen, dass die Konkurrenz zu groß ist und man sich einfach über einen längeren Zeitraum beweisen muss. Ich persönlich bin aber der Meinung, dass ich sehr viel für den Sport gegeben habe und auch eine ordentliche Leistung abrufen konnte. Dennoch bekam ich nicht mal ein Probetraining. Ich entschied mich daraufhin, mit dem Taekwondo aufzuhören um mich vollkommen auf das Kickboxen zu konzentrieren. Dort wurde ich dann auch für meine Mühen belohnt, kam ins Nationalteam und wurde im Laufe der Zeit Weltmeister bei den Amateuren und Profis. Somit erreichte ich meinen großen Wunschtraum.

Auch in meiner Geschichte gab es Umwege. Ich habe 15 Jahre für das Taekwondo investiert, um dort an die Spitze zu gelangen. Das ist eine lange Zeit. Aufgrund äußerlicher Umständen konnte ich aber nicht meinen bereits gewählten Weg gehen. Vielleicht war es in diesem Fall auch eine höhere Gewalt. Vielleicht hätte ich noch mehr trainieren sollen, noch mehr dafür geben sollen und länger durchhalten um irgendwann eventuell ins Nationalteam zu gelangen. Da ich der persönlichen Meinung war und immer noch bin, dass ich alles, was nur möglich war, dafür gegeben habe, weiß ich, dass ich mich an der „Titanwand“ kaputt geschlagen hätte. Egal, wie viel ich tat, ich konnte einfach nicht an mein Ziel (die Olympiateilnahme) gelangen. Ich habe nicht stur versucht, mich daran festzuklammern, weil ich 15 Jahre dafür investiert habe. Ich habe mich entschieden, einen anderen Weg zu gehen, um dann doch mein gewünschtes Ziel „der beste der Welt im Kampfsport“ zu erreichen. Diese

15 Jahre waren keinesfalls eine Fehlinvestition. Diese sind der Grundstein für meinen Erfolg. Ich habe mein Leben lang auf diesen Erfolg hingearbeitet. Doch ich habe erkannt, wann ich loslassen muss um nach etwas Neuem greifen zu können. Dies bescherte mir meinen Weltmeistertitel.

In all diesen Geschichten, die du gerade gelesen hast, geht es darum, durchzuhalten, daran zu glauben und zu erkennen, wann man einen anderen Weg einschlagen muss. Natürlich ist die Gewichtung hier unterschiedlich. Man kann das Kuchenbacken natürlich nicht mit einem großen Wunschtraum, wie den Weltmeistertitel zu bekommen, vergleichen. Die Gewichtung ist hier natürlich komplett verschieden. Man muss einiges mehr opfern und investieren, um einen großen Wunschtraum zu erfüllen. Dort wird der Glaube daran auch durchaus stärker sein, als beim Kuchenbacken. Über eines musst du dir aber bewusstwerden. Egal was für ein Ziel du hast. Es gibt immer einen Weg dahin zu kommen.

7.2 Alles ist schwer, bevor es leicht wird

Nachdem die Bedeutung von Durchhaltevermögen bzw. Hartnäckigkeit hinsichtlich der eigenen Träume in den ersten Kapiteln bereits auf einer Makro-Ebene erläutert wurde, soll nachfolgend betrachtet werden, inwiefern sich Beständigkeit und Disziplin in die tägliche Arbeit bzw. das Training implementieren lässt. Alle wirklich erfolgreichen Menschen strukturieren ihren Tag in einer Weise, die ihre Prioritäten widerspiegelt. Damit ist gemeint, dass die anspruchsvollsten und/oder wichtigsten Tätigkeiten auf die Tageszeit der individuellen körperlichen und psychischen Höchstleistung gelegt werden – bei den meisten Menschen ist dies der Vormittag – und alle weiteren Tätigkeiten mit abgestufter Priorität diesen nachfolgend. Auf diese Art und Weise wird sichergestellt, dass die wichtigsten und dringendsten Aktivitäten am wahrscheinlichsten vollständig durchgeführt werden können. Betrachtet man die Tagesplanung eines Menschen in einem wirtschaftlichen Sinne, so ist das sogenannte Durchhaltevermögen oder die Fähigkeit zur Überwindung des eigenen Verlangens nach unmittelbarer Befriedigung (Konsum von Zeit, Energie oder anderweitigen Gütern) zu Gunsten eines höheren Zieles immer an eine gewisse Investitionsentscheidung gekoppelt. Diese erhöht wiederrum zu einem späteren Zeitpunkt die Konsummöglichkeit der betreffenden Person. Der Vergleich erscheint auf den ersten Blick etwas konfus und fern, modelliert die Entscheidungsfindung jedoch im Ergebnis sehr gut. Wie bei finanziellen Entscheidungen spielen bei der Entscheidung, ein sofortiges Bedürfnis zurückzustellen, um ein späteres und wichtigeres Ziel zu erreichen, die folgenden Parameter eine Rolle. Zunächst ist der Betrag, der investiert werden muss, von entscheidender Bedeutung. In unserem Falle kann dies Geld, Zeit, Energie oder eine Kombination dieser Faktoren sein. Hierbei ist ausschlaggebend, dass die jeweilige Person über den Betrag der zu investierenden Güter zum Zeitpunkt der Entscheidungsfindung überhaupt verfügen kann. Wer beispielsweise seit Tagen hoffnungslos übermüdet ist, wird sich zu keinem harten Training oder anspruchsvollen Denkaufgaben mehr überwinden können, weil er auf die notwendigen Ressourcen einfach keinen Zugriff hat. Weiterhin wird die Höhe des Rückflusses sowie dessen Wahrscheinlichkeit und dessen Zeitpunkt in die bewusst rationale oder unterbewusst emotionale Bewertung mitaufgenommen. So kann ein Sportler, der eine Stunde Zeit und die entsprechende Energie für ein Lauftraining „investiert", relativ sicher damit rechnen, dass sich als Rendite seiner Investition seine Ausdauerfähigkeit in den nächsten Tagen steigert. Bei Tätigkeiten, zu denen wir uns nur schwer motivieren können bzw. die an ein hohes Aufbringen an Willenskraft gebunden ist, spielt diese aufgezeigte Bewertung unterbewusst eine sehr große Rolle. Übergewichtige Menschen beispielsweise sehen das angestrebte Ergebnis eines reduzierten Körperfettanteils nur in weiter Ferne und halten dies meist auch noch für nicht sehr wahrscheinlich. So haben sie zu Beginn ihres Trainings bzw. ihrer Diät in Abwesenheit von unmittelbaren Resultaten oft enorme Schwierigkeiten, sich dazu zu überwinden. Erfolgreiche Leistungssportler wie Michael wissen jedoch bereits um die enormen Früchte eines harten Trainings oder von hohem Arbeits- und Zeiteinsatz im Allgemeinen und haben daher gelernt, den „Schmerz zu lieben". Diese emotionale Umdeutung von Tätigkeiten, die eigentlich mit körperlicher und/oder psychischer Belastung verbunden sind und die unser Unterbewusstes daher grundsätzlich zu vermeiden sucht, basiert auf dem Fokussieren auf das Ergebnis. So führt die Gewissheit sich durch den Arbeitseinsatz immer weiter schrittweise seinem Ziel zu nähern zu einem Gefühl der inneren Zufriedenheit – auch und grade während der Belastung. Dies macht es im Umkehrschluss natürlich deutlicher leichter, diese durchzustehen.

Diese Motivationsdynamik spielt jedoch nicht nur bei Profisportlern wie Michael eine große Rolle, sondern ist integraler Bestandteil des Glücksempfindens eines jeden Menschen. Ein Jeder strebt andauernd nach persönlichem Fortschritt in einem oder mehreren Lebensbereichen.

Playing to win vs. playing not to lose

Die Hauptpriorität im Leben der meisten Menschen besteht bei näherer Betrachtung gar nicht darin, den Zuspruch und die Anerkennung anderer Menschen für außergewöhnliche Leistungen und Erfolge zu sammeln (sogenanntes „Playing to win"), sondern vielmehr darin, nicht deren Missachtung und Abweisung für riskantes und/oder außergewöhnliches Verhalten zu erregen (sog. „Playing not to lose"). Dieses „Playing not to lose" führt zu einer enormen Risikoaversion und Abhängigkeit von sozialer Bestätigung, so dass mit dieser Denkweise per Definitionem keine außergewöhnlichen Erfolge erreicht werden können. Wer ernsthaft danach strebt, seine Mission zu verfolgen und sich selbst in dieser zu verwirklichen, sollte sich nicht nur mit dem Unverständnis der meisten Menschen abfinden, sondern auch mit der Tatsache, dass er auf seinem Weg unweigerlich temporäre Niederlagen und teilweise sogar öffentlichen Spott und Blamagen einstecken muss. Dies ist selbstverständlich für niemanden schön und auch per se natürlich nicht erstrebenswert, jedoch hindert die "Angst vor dem Scheitern“ wesentlich mehr Menschen daran, ihre Träume zu verwirklichen, als temporäre Niederlagen selber. Momente des „Scheiterns“ sind grundlegende Bestandteile, die beste Vorbereitung und der effektivste Feedbackmechanismus für den persönlichen Fortschritt. Der gefürchtete Begriff des „Scheiterns“ ist im Grunde nichts anderes als die emotionale Bewertung, die man einem temporären Widerstand zukommen lässt. Trifft man die Entscheidung, das angestrebte Ziel zukünftig aufgrund der zu erbringenden Opfer und der einzugehenden Risiken nicht mehr weiter bzw. nicht mehr mit derselben Intensität zu verfolgen, so entscheidet man sich bewusst dafür, sein Ziel dem Verlangen nach momentanem Wohlbefinden unterzuordnen. So begegnet man seinem Schicksal ironischerweise auf einem Weg, auf dem man glaubte, ihm entgehen zu können.

8 Mentale Stärke

8.1 Was bedeutet mentale Stärke wirklich?

Die mentale Stärke eines Menschen kann ausschlaggebend für seinen Erfolg sein. Selbst wenn alle Kriterien, die in diesem Buch genannt wurden, erfüllt werden, kann die mentale Stärke dazu beitragen, dass das Endergebnis noch viel positiver ausfällt, als erwartet. Oft wird die geistige Kraft unterschätzt. Viele meinen, dass diese nicht von Nöten ist. Meinen Erfahrungen zufolge wird es teilweise sogar lächerlich geredet. Dabei ist dieses Kriterium nicht nur im sportlichen Bereich von großer Bedeutung. Es kann Vorteile in jedem Lebensbereich verschaffen.

Der Kopf ist die stärkste Waffe des Menschen. Hast du das verinnerlicht, wirst du alles schaffen, was du dir vornimmst. Im letzten Kapitel hast du von meinen Bergsprints gelesen. Meine mentale Stärke war auch dort ein wesentlicher Faktor, der mir ermöglicht hat, die letzte Runde acht Sekunden schneller zu sprinten.

In vielen Geschichten, die du diesem Buch entnehmen konntest, ist der Kopf ausschlaggebend. Ich meine hier nicht deinen Verstand. Dein Verstand sollte als eine Art „Instrument" benutzt werden. Benutze ihn nur, wenn du ihn brauchst. Ich rede von deinem Geist, deiner inneren Stärke. Dein Herz und dein Geist sollten dich leiten.

Du kennst doch bestimmt die Shaolin Mönche, die Metallplatten auf ihren Kopf schlagen können, ohne dass ihnen etwas passiert. Sie erleiden nicht einen einzigen Kratzer. Sie werfen mit Nadeln eine Glasscheibe durch. Das alles schaffen sie nur, weil sie mit ihrem Geist im Einklang sind. Sie sind mental so ausgebildet, dass sie diese „übermenschlichen“ Dinge ohne Probleme umsetzten können. Ich erwarte von dir sicher nicht, dass du dir eine Metallplatte auf den Kopf schlägst und keinen Schaden davon erleidest. Ich möchte dir nur verdeutlichen, was dein Kopf alles leisten kann.

Seitdem ich im Kickboxen in den Profibereich aufgestiegen bin, habe ich mich nach einem Ereignis, verstärkt mit diesem Thema der „Inneren Stärke“ befasst.

Ich durfte bereits bei meinem dritten Profikampf um die deutsche Meisterschaft kämpfen. Dieser Kampf war mir extrem wichtig, da es mein erster Profititel werden sollte. Wie bei allen meinen Kämpfe bereitete ich mich so vor als wäre dieser Kampf mein letzter. Ich war topfit und gewann in einem harten Ringen, das über fünf Runden ging, den deutschen Profititel. In Folge dieses Kampfes erlitt ich eine Gehirnerschütterung und war zur Beobachtung einen Tag im Krankenhaus. Ich entließ mich selbst vom Krankenhaus, um weiter zu trainieren, denn ich hatte zwei Wochen nach diesem einen weiteren Profikampf. Kannst du dich erinnern, dass ich geschrieben habe, dass es gewisse Situationen gibt, bei denen du auf deinen Körper hören solltest? Dies war so eine Situation. Und ich hörte nicht auf meinen Körper. Jeden Tag trainierte ich genauso hart weiter, wie vor dem deutschen Profititelkampf. Ich war komplett im Übertraining. Mein Körper sendete mir Signale, doch ich ignorierte sie. Die Quittung bekam ich dann in meinem vierten Profikampf. Bereits beim Aufwärmen bemerkte ich, dass mir die Spritzigkeit, die Power und meine Leichtfüßigkeit fehlten. Der Weg zum Ring fühlte sich an, als würde ich einen Marathon laufen. Meine Beine fühlten sich an wie Blei. Der Kampf startete und ich hatte wahnsinnige Probleme gegen diesen sehr starken slowakischen Gegner. Ich konnte den Kampf letztendlich knapp für mich entscheiden. Dies gelang mir durch meine jahrelange Kampferfahrung und durch meine klaren Treffer. Ich hätte an diesem Tag auch meine allererste Niederlage im Kickboxen einfahren können.

Heute weiß ich, wie ich mit diesem Umstand hätte Umgehen sollen. Ich hätte mein Training zwar nicht komplett einstampfen, allerdings aber die Intensität runterschrauben und einige Trainingseinheiten durch Mentaltraining ersetzen sollen. Wie das funktioniert erkläre ich dir nachfolgend.

Meditation

Das Thema „Mentalstärke“ oder „Meditation“ ist natürlich sehr umfangreich. Es gibt Massen an Büchern und Berichten, die ausschließlich davon handeln. Ich erkläre dir hier die Methoden, die ich selbst angewandt habe und die bei mir funktionierten.

Ein Ziel von Meditation ist, dass du komplett gegenwärtig bist und keinen einzigen Gedanken besitzt. Schließe deine Augen, ziehe dich in eine ruhige Umgebung zurück und versuche, an absolut nichts zu denken. Du wirst schnell feststellen, dass dies enorm schwer, fast unmöglich erscheint. Es werden immer wieder Gedankenstöße kommen und anfänglich wirst du nicht viel dagegen tun können. Diese Form der Meditation wenden die bereits erwähnten

Shaolin Mönche an. Es dauert Jahre, bis man diese Variante der Meditation beherrscht. Du musst versuchen die Gedanken zuzulassen. Ob positiv oder negativ, versuche sie nicht gleich abzuwehren. Lasse sie zu, ohne eine Wertung darüber abzugeben. Sie werden wieder entweichen. Gibst du ihnen zu viel Aufmerksamkeit und versuchst sie mit aller Kraft abzuwehren, wirst du deine Konzentration und deinen Fokus verlieren und bald befindest du dich in einem neuen Gedankenstoß. Versuche dir am Anfang, jeden Tag fünf Minuten Zeit dafür zu nehmen (mit der Zeit sollte dies gesteigert werden). Ob dies am Abend, am Morgen oder während eines anderen Tageszeitpunktes ist, ist irrelevant. Wichtig ist nur, dass du genug Zeit für dich hast und dich in einer ruhigen Umgebung befindest. Diese Umgebung sollte keine Störfaktoren aufweisen (Telefon, Radio, andere Menschen etc.). Du wirst vielleicht feststellen, dass es dir schwerer fallen wird, wenn du diese Meditationsübung am Abend ausübst. Du hast den ganzen Tag über viele verschiedene Einflüsse, Gedankengänge und Anreize von verschiedenen Menschen oder Medien erhalten. Manche Dinge vergisst dein Verstand, andere verarbeitet er unbewusst oder bewusst. Solltest du mental so fortgebildet sein, dass du deinen Verstand ausschalten kannst und du keine Störfaktoren mehr zulässt, dann ist auch dieser Umstand ziemlich irrelevant für diese Meditationsübung.

Wie ich bereits erwähnt habe, ist diese Form der Mediation extrem diffizil. Es gibt Methoden, um sich langsam an diese Form der Meditation ran zu tasten. Zum einen könntest du zunächst einmal bei geschlossenen Augen versuchen, deinen Körper zu fühlen. Versuche dich auf jedes einzelne Körperteil zu konzentrieren. Beginne dabei bei den Füßen und Ende bei deinem Kopf. Nehme dir für jedes Körperteil genug Zeit. Lasse deinen Fokus nur auf dieser Stelle und konzentriere dich nur auf einen einzigen Punkt. Spüre deinen Körper und deinen Geist. Du wirst feststellen, dass dir diese Übung von Mal zu Mal leichter fallen wird. Zum anderen könntest du auch bei offenen Augen in jeder möglichen Lebenssituation versuchen deinen Körper zu spüren. Versuche in der Position, in der du dich gerade im Moment befindest, deinen Körper zu spüren. Versuche festzustellen, wo sich momentan die Druckpunkte deines Körpers befinden. Sitzt du zum Beispiel auf einem Stuhl, hast die Ellenbogen auf einem Tisch abgestützt und hältst das Buch in der Hand, dann werden sich die Druckpunkte auf deinem Hintern befinden, mit dem du auf dem Stuhl sitzt. Außerdem lehnt vielleicht dein Rücken gegen eine Lehne des Stuhls, dann befinden sich dort auch Druckpunkte. Deine Ellenbogen, die auf den Tisch drücken, sind weitere Druckpunkte. Genauso die Handfläche und deine Finger, mit denen du das Buch in der Hand hältst. Natürlich auch deine Fußfläche, die auf den Fußboden drücken.

Diese Übung kann wirklich überall praktiziert werden. Ob im Bett, in der U-Bahn oder beim Spazieren. Werde dir deiner Druckpunkte immer bewusst. Damit schulst du deinen Kopf und festigst deinen Geist.

Eine weitere Form der Meditation hat mir persönlich extrem weitergeholfen. Wenn du dir meine Profikämpfe anschaust, wirst du feststellen, dass ich bereits beim Walk In (Einlauf zum Ring) voller Energie stecke und ein enormes Selbstbewusstsein ausstrahle. Ich besiege meinen Gegner bereits mit meinem Auftreten vor dem Kampf. Ich habe Respekt, fühle aber keine Angst. Wenn meine Musik ertönt, bin ich wie in einer anderen Welt. In meiner Welt. In dieser Welt gibt es nur einen König und der bin ich. Das klingt vielleicht ein wenig eingebildet oder abgehoben, doch in dieser Situation muss man sich selbst bewusstwerden, dass man der Beste ist und niemand einen aufhalten kann. Ich befinde mich in einer Art Tunnel. Ich nehme außenstehende Faktoren nicht mehr wahr. Ich habe meinen Fokus nur bei meinem Gegner. Für mich gibt es in diesem Moment kein wichtigeres Ziel, als meinen Gegner zu bezwingen. Es fühlt sich an, als geht es in diesem Kampf um Leben oder Tod. Das klingt vielleicht enorm radikal. Doch ohne diese Denkweise, hätte ich mit Sicherheit nicht die Hälfte der Kämpfe so gewonnen, wie ich sie gewonnen habe.

So eine Ausstrahlung hatte ich nicht immer. Du wirst es nicht glauben, aber ich war während meiner Amateurkämpfe ein richtiger Angsthase. Ich hatte zwar nie Angst vor meinen Gegner, aber immer vor der Situation, vor der unbekannten und ungewohnten Umgebung. Man könnte sagen, dass ich einfach Angst zu versagen hatte. Nervosität plagte mich vor jedem meiner Kämpfe. Ich verhielt mich wie ein kleines Kind vor seiner ersten Klassenarbeit. Ich war und bin allerdings ein Mensch, der schon immer seine Leistung in Extremsituationen abrufen konnte. Deswegen konnte ich letzten Endes meine Kämpfe immer gewinnen. Sobald der Kampf begann, merkte ich wieder, was ich eigentlich draufhabe und so wirkte sich meine Nervosität nicht auf meine Leistung aus. Dies ist nämlich durchaus möglich. Du wirst vielleicht schon einmal den Begriff „Trainingsweltmeister" gehört haben. Das sind Menschen, die extreme Leistungen im Training abrufen können. Sobald sie sich aber in einer Wettkampfsituation befinden, brechen sie ein. Ihre Nervosität wirkt sich auf ihre Ausdauer aus. Sie raubt ihnen die Luft. Sie wirkt sich auf ihren Körper aus und lässt sie steif und verkrampft werden. Sie wirkt sich auf ihren Kopf aus. Sie können nicht mehr klar denken und begehen leichtsinnige Fehler, die oft zu einer Niederlage führen. Ob Fußballer, Golfer, Schwimmer, Kampfsportler oder irgendeine andere Sportart, die Nervosität spielt überall eine Rolle, wenn es darum geht, Leistung abzurufen. Selbst in Situationen, in denen es nicht um einen sportlichen Wettkampf geht, ist dies der Fall. Du hast bestimmt schon mal eine Klassenarbeit oder Prüfung geschrieben, auf die du wochenlang gelernt hast. Du wusstest davor alles und warst gut vorbereitet, doch sobald du anfingst die Arbeit zu schreiben, hattest du einen „Blackout" und hast alles vergessen. Dies ist nichts Anderes als bei sportlichen Wettkämpfen. Deine Nervosität hat sich negativ auf deinen Körper und deinen Geist ausgewirkt.

Genau dafür gibt es eine Form der Meditation, die dich auf solche Situationen außerordentlich vorbereitet. Dadurch wirst du lernen, mit deiner Nervosität umzugehen. Natürlich wirst du sie nie ganz verlieren können. Das musst und sollst du auch gar nicht. Selbst ich bin immer noch nervös vor jedem meiner Profikämpfe. Doch ich habe gelernt, mit der Nervosität umzugehen und diese zu meinem Vorteil zu nutzen. Der Körper braucht das, um das Hormon Adrenalin ausschütten zu können. Dies hilft dir, in Extremsituationen deine Leistung noch mehr zu steigern.

Für diese Form der Meditation, solltest du dich wieder zurückziehen und dich keinen Störfaktoren aussetzen.

Stelle dir in deinem Kopf genau den Ablauf der bevorstehenden Situation vor. Dabei solltest du den Ablauf gedanklich eins zu eins, genauso vor deinem geistigen Auge haben, wie es sich in der Echtsituation auch abspielen würde.

Ich, zum Beispiel, wende diese Methode vor jedem bevorstehen Kampf an. Ich schließe die Augen und stelle mir vor, wie ich mich in der Kabine auf den Kampf vorbereite und mich aufwärme. Ich stelle mir vor, wie ich von der Kabine zum Walk In-Bereich laufe. Meine Musik ertönt und ich laufe zum Ring. Der Ring kommt immer näher und genauso sehe ich das auch vor meinem geistigen Auge. Ich gehe in den Ring und der Kampfrichter erklärt mir und meinem Gegner nochmals die Regeln. Ich sehe meinen Gegner vor Augen. Die Ringglocke schlägt und ich stelle mir vor, welche Techniken ich gegen meinen Gegner anwende. Der Kampf geht fünf Runden und am Ende gewinne ich den Fight durch einen Knockout. Mein Arm wird vom Kampfrichter in die Höhe gerissen und ich verlasse als Sieger die Kampffläche.

Dabei versuche mir das ganze wirklich in Echtzeit vorzustellen. Ich nehme mir die Zeit und spiele alles in meinem Kopf ab.

Diese Methode hat mir extrem weitergeholfen, meine Nervosität in den Griff zu bekommen und sie positiv für mich zu verwenden. Ich habe dadurch gelernt, selbstbewusster zum Ring zu laufen und die geladene Energie auszustrahlen, die sich tief in meinem Inneren befindet.

Du kannst diese Methode vor jeden Wettkampfsituationen oder auch vor anderen wichtigen Ereignissen in deinem Leben anwenden. Hast du zum Beispiel ein wichtiges Gespräch, in dem es um deinen Traumjob geht, dann stellst du dir genau den Ablauf des Gesprächs vor. Genauso vor wichtigen Prüfungen oder Tests. Es ist in jedem Bereich anwendbar.

Ich erkläre dir, warum dies funktioniert. Dein Unterbewusstsein realisiert nicht, ob du dir diese Situation nur vorstellst, ob sie sich in der Vergangenheit, Gegenwart oder Zukunft befindet. Es versteht nicht, ob du dies gerade wirklich durchlebst oder ob du diese Situation nur imaginierst. So kannst du dein Unterbewusstsein schulen. Du wirst dich in diesen Extremsituationen wohlfühlen. Es ist nichts Fremdes mehr für dich. Es ist plötzlich eine gewohnte Situation, du hast sie ja schließlich schon hunderte Male in deinem Kopf abgespielt. Diese Methode verwenden im Übrigen auch Piloten, bevor sie in eine Trainingssimulation gehen.

Versuche dir genug Zeit zu nehmen und diese Methoden, die ich dir gerade beschrieben habe, für dich anzuwenden. Mir persönlich haben sie extrem weitergeholfen und ich bin mir sicher, dass sie auch dir helfen werden.

Suche die Fehler nicht bei anderen und verschwende keine Zeit

Versuche jede Gelegenheit in deinem Leben zu nutzen, um an dir zu arbeiten. So viele Menschen langweilen sich und wissen teilweise nicht, was sie mit sich selbst anfangen sollen. In meinen Augen gibt es keine Langeweile. Solltest du zum Beispiel auf jemanden warten, dann langweile dich nicht in der Zeit, sondern beschäftige dich mit dir selbst und mit deiner mentalen, geistigen Stärke.

Du wirst sicher schon mal auf jemanden gewartet haben, der verspätet zum vereinbarten Termin gekommen ist. Anstatt dich in dieser Zeit zu langweilen und darüber aufzuregen, dass der andere zu spät kommt, arbeite an dir selbst. Mit der nachfolgenden Geschichte möchte ich dir dies noch einmal verdeutlichen.

Ein Junge hat ein Date mit einem Mädchen vereinbart. Das Mädchen kommt viel zu spät zum vereinbarten Treffen. Der Junge hat nun zwei Optionen. Er könnte sich darüber aufregen, dass das Mädchen zu spät kommt. Sollte das der Fall sein, beginnt das bevorstehende Date schon mit einer Spannung zwischen den beiden. Oder aber, er versucht sich nicht darüber aufzuregen und beschäftigt sich in dieser Zeit mit sich selbst und versucht sich geistig und mental fortzubilden. Dafür entscheidet er sich letztendlich auch. Er überlegt zunächst, was die Gründe dafür sein könnten, warum sie zu spät kommt. Hat sie einen längeren Weg und ist in einen Stau geraten? Musste sie sich eventuell noch um was Unvorhersehbares kümmern? Gibt sich das Mädchen vielleicht auch nur Mühe für den Jungen besonders hübsch auszusehen? Anschließend wendet er eine der genannten Meditationsmethoden an, um sich auf sein bevorstehendes Fußballspiel mental vorzubereiten.

Das Mädchen kommt schließlich und entschuldigt sich:

„Es tut mir leid, dass ich dich warten gelassen habe.“

Der Junge antwortet:

„Ich habe nicht gewartet, ich habe gelebt."

Der Junge in diesem Beispiel hat zunächst einmal die Fehler nicht bei dem Mädchen gesucht, sondern versucht zu verstehen, warum sie so gehandelt hat bzw. in diesem Fall zu spät kam. Dies ist auch in allen anderen Konfliktsituationen anwendbar. Außerdem hat er die Zeit für sich genutzt, war dankbar, dass er sich in diesem Moment weiterentwickeln konnte (Kapitel 6 – Dankbar sein). So entstanden auch keinerlei Spannungen zwischen den beiden und sie konnten letztendlich einen schönen Abend verbringen.

Diese Einsicht und Erkenntnis zu erlangen, ist wahnsinnig schwierig. Doch hast du dies einmal begriffen, dann wirst du in jeglicher Hinsicht erfolgreich.

8.2 Von innen nach außen

Innere Stärke ist im Grunde nur ein Überbegriff für emotionale Stabilität, welche es unabhängig von der Situation ermöglicht, die richtige und beste Entscheidung zu treffen. In unserer westlichen Welt, in welcher technischer Fortschritt, Wissenschaft und Forschung einen sehr starken Rang einnehmen, übersehen viele Menschen, dass es, um emotional und vor allem sozial intelligente Entscheidungen zu treffen, die emotionale Einstellung viel ausschlaggebender sein kann als reine Logik. Unabhängig von der Tatsache, dass das menschliche Gehirn kaum in der Lage ist, alle Situationen akkurat einschätzen zu können – weil es selten wirklich alle Informationen über einen Sachverhalt kennt – bleibt in vielen Lebenssituationen gar keine Zeit über die Kausalzusammenhänge nachzudenken, etwa beim kritischen Umgang mit anderen Menschen oder in einer Kampfsituation. Um auf seine „innere Intelligenz" zugreifen zu können, ist es wichtig, dass man lernt, seine Gedanken zu kontrollieren und schließlich zu reduzieren, da erst durch das nach innen Kehren der Sinnesorgane spürbar wird, was die intuitiv richtige Entscheidung ist. Um innere Stärke erfolgreich in seinen Alltag integrieren zu können, ist es gar nicht notwendig und oft nicht praktikabel, nach einem Zustand andauernder kompletter innerer Stille zu streben. So ist es viel mehr von Bedeutung, sich seinen wahren Motiven, Ängsten und Gefühlen klar zu werden und sich nicht von äußerem Druck und der Volatilität des eigenen Egos lenken zu lassen. Ein optimaler Zustand innerer Ausgeglichenheit und der Einigkeit von Körper, Geist und Seele ist gekennzeichnet von einem Zustand tiefen inneren Selbstvertrauens, aber nicht Arroganz, dem Annehmen seiner Stärken und Schwächen, ohne die oft damit verbundene Unsicherheit, sowie dem Wunsch, anderen Menschen Wert geben zu können. Die meisten Menschen leben andauernd zwischen den schmerzhaften Erinnerungen an ihre Vergangenheit und Sorgen über die Zukunft, ohne dabei zu bemerken, dass der einzige Moment in denen sie ihr Leben positiv verändern können, nicht in der Vergangenheit oder der Zukunft liegt, sondern einzig und allein in der Gegenwart.

In the Zone

Michaels Beschreibungen von der Arbeit mit seinem Inneren und der Zustand besonders vor oder während des Kampfes zeugt von dem enormen Potential hinter dieser spirituellen Arbeit. Durch Meditation und Konzentration schafft er es, sich vor dem Kampf seiner Fähigkeiten und Ziele voll bewusst zu werden und sein eigenes Ego und die Wünsche anderer Menschen vollständig auszublenden. Viele Profisportler betiteln diesen Zustand als „in the Zone“ und beschreiben ihn als unglaublich wertvoll zum Erringen ihrer Siege. Durch diesen Tunnelblick schaffen es diese Menschen, sich geistig und körperlich wirklich 100 % ihrer Tätigkeit zu widmen und dadurch die Realität einhundertprozentig wahrzunehmen und entsprechend zu handeln. Jedoch nicht nur Profisportler profitieren von diesem geistigen Training, dass Michael so umfangreich beschreibt und tatsächlich auch täglich praktiziert. Sobald man seine Gedanken nach innen kehrt und versucht seine Emotionen vollständig zu spüren, so bleibt einem Menschen in Ermangelung von entsprechender Ablenkung nichts Anderes übrig, als sich über seine Mission im Leben und sein wahres Ich nachzudenken. In diesem Prozess entdecken wir unter anderem früher oder später im Grunde alle Erfolgsprinzipien aus diesem Buch aus uns selbst heraus und wissen, wie wir sie anwenden können. Oft lernen Menschen leider erst durch den Untergang von sozialen Bindungen, dem Scheitern in der Liebe oder geschäftlichem Misserfolg, was ihnen wirklich wichtig im Leben ist und wie sie im Einklang mit ihren Werten und Prinzipien leben können. So erkennen sie nicht, dass letztendlich jegliche Weisheit, Erfolg und vor allem Erfüllung in ihnen selbst steckt. Das Streben nach unverhältnismäßigem materiellen Erfolg, dem unstillbaren Bedürfnis nach Anerkennung und dem Wunsch nach der „Erfüllung" durch eine andere Person ist in unserer Kultur leider eher der Normalfall als die Ausnahme, ist aber auf Grund seiner Natur letztendlich zum Scheitern verurteilt. Diese Abhängigkeit verstärkt sich wie eine Sucht im medizinischen Sinn selbst und korrumpiert unsere wahre Persönlichkeit schrittweise vollständig. So klagen viele, nach der gesellschaftlichen Definition erfolgreiche, Persönlichkeiten darüber, sich wie auf einer Hetzjagd zu befinden, neigen zu Missbrauch von sich selbst und anderen und scheitern schließlich heftiger als jeder Normalbürger je scheitern könnte.

Wie bereits erwähnt, können aus der richtigen inneren Einstellung letztendlich alle anderen Erfolgsprinzipien abgeleitet werden. Das nie endende Streben nach innerer Einigkeit ist unabdingbarer Bestandteil von jeglichem wahren Erfolg und wirkt letztlich wie die Wurzeln eines Baumes: Nur durch die tiefen und festen Wurzeln kann ein Baum wirklich hoch wachsen.

16871172R00071

Printed in Poland
by Amazon Fulfillment
Poland Sp. z o.o., Wrocław